고객은 이런 매장에 간다

고객은 '이런 매장'에 간다

박종현 김종서 지음

지금은 ESG 소비 시대!
ESG는 기업 생존경영의 필수 요소다!

시작하면서

ESG는 선택이 아닌 필수!

필자의 70년대 고교 시절에는 선택 과목과 필수 과목이 있었다. 문과는 문과대로 이과는 이과대로 과목 중 선택할 수 있는 영역이 있었다. 대학에 들어와서도 필자의 전공에 맞는 선택과 필수 영역이 있었다. 필수는 개인에게 선택의 여지가 없는 수용의 영역이다. 예컨대 교양필수, 전공필수 등이다. 혹자는 ESG를 일반적 경영이론처럼 한순간의 빤짝 트렌드이고, 곧 사라질 것으로 생각하는 사람도 있는 듯하다. 필자가 2023년 모 공공기관의 평가회의에 참석했을 때 민망한 일이 있었다. 회의에서 필자가 ESG에 관한 질문을 하니 모 위원이 "ESG는 이제 한물간 내용이다"라고 공개적으로 민망함을 준 기억이 있었다.

ESG는 한마디로 기업이 환경적, 사회적, 경제적 책임을 바탕으로 지속가능한 패러다임을 추구하는 경영을 말한다. 따라서 ESG경영을 하게 되면 기업의 비재무적 성과가 창출됨과 동시에 새로운 사업 기회가 생기고, 결국 이것이 파이낸셜 퍼포먼스로 연결될 수 있는 단계로 시장은 진보할 것으로 전망하고 있다.

2000년부터 2018년까지 OECD 국가 중 양적으로는 중국, 미국, 인도가 세계에서 가장 큰 온실가스 배출국이지만, 온실가스 배출량 증가율 1위 국가는 바로 한국이었다. 온실가스에 기인한 지구온난화로 '기후변화 → 기후위기 → 기후재앙' 그리고 환경오염 및 파괴 등의 위기에 직면해 있는 상황에서 '죽은 행성(Death Planet)'이 되지 않고 지속적으로 경제를 발전시키기 위해서는 새로운 패러다임 전환이 절대적으로 필요한 시점이다. 글로벌 대기업이나 유럽연합(EU) 국가에 수출하기 위해서는 우리나라를 비롯한 전 세계 국가들이 ESG의 법제화, 규제화를 수용하지 않으면 더 이상 지속가능한 성장을 할 수 없는 국면에 접어들었기 때문이다.

2021년 7월, 한국은행이 발표한 '조사통계월보'에 따르면, 유럽연합과 미국의 탄소국경조정제도(자국보다 이산화탄소 배출이 많은 국가에서 생산·수입되는 제품에 대해 부과하는 관세, 2026년부터 부과)가 본격적으로 실행되면 유럽연합(EU)과 미국으로의 수출이 연간 약 0.5%, 0.6%씩 각각 감소할 것으로 전망한 바 있다. 우리나라의 산업이 탄소집약도가 높기 때문에 이 제도로 인해 수출에 큰 영향을 받을 가능성이 높은 것으로 내다봤다.

소비자의 움직임

소비자들도 변하고 있다. 소위, 착한 소비라고 알려진 ESG소비를 지향하고 있는 MZ세대들이 증가하고 있다는 조사 결과가 속속 발표되고 있다. 도덕적, 윤리적으로 경영을 잘하는 기업에겐 '혼쭐'이 아닌 '돈쭐'

로써 자신들의 소비성향을 해당 기업의 상품과 서비스 구매로 표현하고 있다. 이제 소비자들은 가격만 싸다고 해서 구매하는 것이 아니라 자신의 가치관과 일치하는 기업에 무한 애정으로 답하고 있다.

기업은 자사가 생산한 상품과 서비스를 이용하는 소비자가 끊임없이 있어야만 지속가능한 성장을 담보할 수 있다. 그러기 위해서는 지구가 존재해야만 어떤 사업이든 할 수 있는 것이다. 작금의 지구는 산업혁명 이후 인간의 경제 활동으로 유발된 탄소 발생으로 인해 지구온난화와 지구재앙이라는 절체절명의 위기로부터 자유로울 수 없는 환경이 되어버렸다. 결국 지구가 있어야만 인류공동체의 지속가능한 발전도 가능하다. 따라서 현명한 소비자들은 자신들의 소비성향을 지구가 병들거나 오염되지 않은 상황에서 만들어진 제품과 서비스에 돈을 지불하려는 것이다. 결국 기업의 지속가능한 성장은 이러한 ESG 소비자들에게 달려 있다고 해도 과언이 아닐 듯하다.

최근 국내 일부 대기업들이 보여준 비도덕적인 경영 활동, 현장에서의 근로자 사망사건들에 대한 소비자들의 반응은 싸늘하였다. 결국 해당 기업은 기업의 이미지가 훼손되고, 소비자의 불매운동으로 경영 실적이 악화되자 다른 사람에게 경영권을 넘겨주어 지속가능한 성장에 걸림돌이 된 게 사실이다. 마찬가지로 현명한 소비자들은 향후 기업의 'ESG 워싱, 그린 워싱' 등과 같은 비합리적 행위가 발견되면 결코 용납하지 않을 것으로 보인다.

ESG경영의 성과는?

ESG경영의 성과는 연구 결과에 따라 긍정적, 부정적으로 나타나기도 하지만, 긍정적인 결과를 창출한다는 연구보고가 대세라는 것은 부인할 수 없는 사실이다. ESG경영은 기업 혼자 할 수 있는 프로젝트가 아니다. ESG경영 활동이 시장에 제대로 뿌리내리기 위해서는 기업의 공급망 전반에 대한 관리, 정부의 역할, ESG경영에 대한 관련 기관의 객관적 평가, 이를 반영한 소비와 투자가 이루어지는 ESG 생태계가 조성되어야 한다. 2019년 8월, BRT(Business Roundtable) 회의에서 글로벌 CEO들은 기업의 전통적 목적인 주주 이익의 극대화 원칙을 폐지하고, 모든 이해관계자의 가치가 통합된 새로운 기업의 목표를 선언했다.

ESG는 기업의 중·장기 차원의 지속가능한 성장전략이라 할 수 있다. 과거 주주의 이익을 위해서라면 수단과 방법을 무시한 채 수익을 창출한 결과론적 관점에서 어떤 과정을 거쳐서 재무적 성과를 창출했느냐 하는 관점으로의 경영 패러다임의 변화이기 때문에 단순히 진단받고 평가를 잘 받기 위한 차원의 ESG가 아닌 더 큰 틀에서의 진정성 있는 행동이 필요한 시점이다. 이에 필자는 2023년, 다년간 유통업종에서의 종사 경험과 ESG경영 확산의 패러다임에 즈음하여 '국내 대형마트의 ESG경영 활동이 소비자 재이용 의도에 미치는 영향'에 대한 실증 분석을 하였다. 분석 결과, 대형마트에서의 ESG경영 활동이 소비자에게 인지되면 될수록 해당 기업을 반복적으로 이용하는 데 유의미한 영향을 미치는 것으로 나타났다. 우리나라 3대 매이저 대형마트를 정기적으로 이용하는 소비자들을 대상으로 ESG경영 활동 영향도를 실증 분석했다는 측면에서 마케팅 측면이나 실무적 측면에서 의미하는 바가 크다고 할 수 있다. 해당 결과는 3장에서 핵심 내용 중심으로 정리하였다.

　이 책은 ESG에 대한 깊이 있는 내용을 전달하기보다는 ESG를 포괄적으로 이해하는 것에 초점을 맞추었다. 또한, ESG경영 활동이 소비자 구매 행동에 미치는 영향에 대한 실증 분석을 담았다. 따라서 ESG를 처음 접하는 분이나 관심 있는 분들에게 ESG를 이해하는 데 작은 도움이 될 수 있으리라 생각한다. 아울러 이 책이 출간되기까지 도움을 주신 분들에게 감사의 말씀을 드린다.

2024년 봄
저자 박종현, 김종서 드림

목차

| 시작하면서   004

1장 ··· ESG는 트렌드가 아닌 생존전략

죽은 행성에서는 어떤 사업도 할 수 없다	014
UN 글로벌 콤팩트(UN Global Compact)	017
UN PRI의 탄생	021
UN 지속가능발전목표(UN SDGs)	025
지속가능발전 기본법	027
ESG경영이 기업에 중요한 이유	030
소비자들의 변화	033
온라인(e커머스) 시장의 움직임	038
소비자 관점에서의 ESG경영	042
파타고니아(Patagonia)에 열광하는 이유	045
유통기업의 경쟁력을 강화해 줄 무기	049
성과 있는 곳에 보상이 따른다	051
불매운동으로 막 내린 오너경영	054
소비자가 대형마트에 가는 이유	057

2장 ··· ESG경영의 이해

ESG의 개념	062
ESG의 구성 요소	066
지속가능성	072
ESG 연구의 주요 키워드	083
유사한 개념들(CSR, CSV)	086
그린 택소노미	090
그린 뉴딜	094
ESG 급부상 배경	099
ESG경영	102
ESG경영의 시발점	105
우리나라 ESG경영의 시발점	108
지방자치단체의 ESG경영	113
중소기업의 ESG경영	117
ESG를 바라보는 관점	120
ESG 회의론	123
ESG경영 평가	128
ESG 공시 글로벌 가이드라인	135
지속가능경영보고서 및 제3자 인증	148
ESG 관련 ISO 인증	154
그동안 기업의 ESG경영 성과	159

3장 ··· 고객을 매장에 오게 하는 방법

문제는 내방객 수	166
매출이란	167
기업 이미지 및 사례	170
기업 신뢰도 및 사례	173
소비자 태도 및 사례	176
고객 충성도 및 사례	179
재이용 의도 및 사례	182

4장 ··· 대형마트의 ESG경영 활동

대형마트의 정의	186
이마트	188
홈플러스	199
롯데마트	204
대형마트의 ESG경영 활동 비교	211

5장 ··· 고객은 이런 매장에 간다

평소의 궁금증	216
연구 배경 및 방법	218
연구 모형과 조사 설계	222
실증 분석	231
구성 개념 간의 상관관계	241
응답자별 인지된 ESG경영 활동 차이	242
가설검정 결과	245
마무리하면서	247
연구의 의의와 시사점	255

│ 참고문헌	266

1장

ESG는 트렌드가 아닌 생존전략

죽은 행성에서는 어떤 사업도 할 수 없다

ESG는 환경(Environmental), 사회(Social), 지배구조(Governance)의 영문 첫 글자를 조합한 단어로, 기업 경영에서 지속가능성을 달성하기 위한 환경, 사회, 지배구조 측면에서의 비재무적 요소의 평가를 의미한다(삼정KPMG, 2021). 한마디로 '지금까지 돈을 얼마 벌었느냐'라는 재무적 관점에서 '어떤 과정을 거쳐서 수익을 창출했느냐'라는 비재무적 관점으로 경영 패러다임이 변화된 것이라고 할 수 있다.

온실가스에 기인한 지구온난화로 촉발된 기후재앙이 지구 곳곳에서 속출하는 등 지구위기가 가속화되고 있는 상황에서 ESG가 전 세계 국가와 기업의 경영 활동에 핵심 아젠다로 부상하였다.

2024년 1월 17일, 미국항공우주국(NASA) 제트추진연구소(JPL)의 채드 그린 박사, 지구시스템과학연구소(UCLA), 새너제이주립대 모스랜딩해양연구소 등 공동 연구팀이 국제 학술지 《네이처(Nature)》에 연구 논문을 발표하였다. 북극해에 있는 '그린란드 빙하가 시간당 평균 3천만 톤(t)씩 사라지고 있다'는 내용이다. 일반적으로 빙하가 빠르게 녹으면 해수면 상승과 지구의 온도 조절 기능 상실 등의 기후변화로 인해 심각한 지구 문제(생태계 교란, 식량안보 등)가 발생할 수 있다는 우려는 잘 알려진 사실이다. 최근 우리나라도 해수면 상승으로 오징어가 잡히지 않거나 기상이변으로 채소, 과일 가격이 연일 폭등하고 있다는 뉴스가 보도된 바 있다.

그린란드 빙하, 출처: 구글 지도

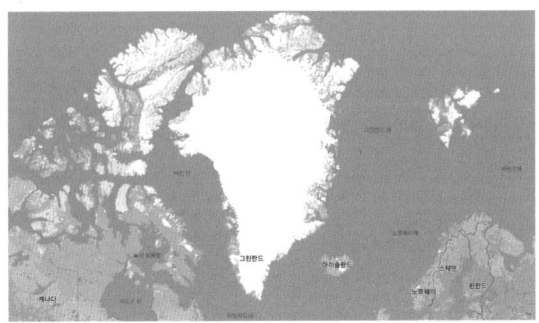

그린란드, 출처: 구글 지도

환경운동가 데이비드 브라우어(David Brower)는 "죽은 행성에서는 어떤 사업도 할 수 없다(There is no business to be done on a dead planet)"라고

갈파했다. 즉, 기상이변과 이로 인한 사회적 문제가 전 세계시장의 기능을 소멸시킨다면, 결국 인간에 의해 발생한 환경오염이 기업의 지속가능한 성장을 멈추게 할 수 있다는 우려가 함의된 강력한 메시지라고 할 수 있다.

따라서 작금의 ESG는 기업이 환경적, 사회적, 경제적 책임을 바탕으로 지속가능한 패러다임을 추구하는 경영이라 할 수 있다. 그렇다면 '왜 기업에게 지속가능성을 요구하는가?' 한마디로 전 세계적으로 생산 활동을 하고 있는 기업이 많기 때문이다. 전 세계 GDP 플로우의 92%(2018년 기준)가 기업에 의해 만들어지고, 우리나라도 GDP 플로우의 89%가 기업에 의해 만들어지고 있다. 따라서 기업의 역할이 그 어느 때보다 중요할 수밖에 없는 국면이다.

출처: EBS 비즈니스 리뷰 캡처

UN 글로벌 콤팩트 (UN Global Compact)

2000년, 반기문 전 UN 사무총장의 전임자이자 가나의 외교관 출신인 제7대 코피 아난(Kofi Atta Annan) 전 UN 사무총장의 주도로 새천년개발목표(Millennium Development Goals, MDGs)가 발표되었다. 새천년개발목표는 UN에서 채택된 의제로, 2015년까지 세계의 빈곤을 반으로 줄인다는 내용을 핵심으로 담고 있다. 1980~90년대에는 아프리카의 많은 국가가 빈곤으로 힘든 시기였다. 이에 코피 아난은 2000년부터 2015년까지 전 세계의 빈곤과 불평등 문제를 최우선으로 해결하기 위한 8대 목표를 설정하고, 'END PROVERTY 2015'를 발표했다.

새천년개발목표(2000~2015)

이 현안을 해결하기 위해서 국가나 UN의 노력도 필요하지만, 전 세계적으로 유능한 인력과 기술, 자본을 보유한 기업이 앞장서야 한다는 것을 강조하면서 UN은 2000년 7월 26일, '지속가능발전'을 목표로 하는 '글로벌 콤팩트(United Nations Global Compact, UNGC)'를 정식 발족하였다.*

UN 글로벌 콤팩트는 전 세계 기업들이 UN 글로벌 콤팩트의 핵심가치인 인권, 노동, 환경, 반부패 4대 분야의 10대 원칙을 기업의 운영 및 경영전략에 내재화시켜 지속가능성과 기업시민의식 향상에 동참할 수 있도록 권장하고, 이를 위한 실질적인 방안을 제시하며, 그 실행을 국제기구에 보고하도록 장려하는 세계 최대의 자발적 기업시민 '지속가능성 이니셔티브'이다(위키백과).

또한, UN 글로벌 콤팩트는 인권, 노동, 환경, 반부패의 4대 분야, 10가지 기업의 사회적 책임 원칙을 명시한 '기업을 위한 원칙 기반 프레임워크'를 제시하고 있다. 이때 만든 UN 글로벌 콤팩트의 10대 원칙이 오늘날 ESG에 큰 영향을 미치고 있다.

* 1999년 1월 코피 아난이 스위스 다보스 세계경제포럼(WEF)에서 처음 제창함

2004년 6월 24일에 개최된 최초의 UN 글로벌 콤팩트 정상회의에서는 코피 아난 사무총장의 주도로 부패방지에 관한 마지막 10번째 원칙(처음에는 9가지 원칙으로 시작)이 추가로 발표되었다. UN 글로벌 콤팩트의 핵심가치는 기업이 책임 있는 기업시민으로 행동할 것과 다른 사회적 주체와 협력하여 지속가능한, 포괄적인 글로벌 경제를 실현하는 것에 중점을 두고 있다.

UN 글로벌 콤팩트 10대 원칙

[인권]
- 원칙 1: 기업은 국제적으로 선언된 인권 보호를 지지하고 존중해야 하며,
  Business should support and respect the protection of internationally proclaimed human rights
- 원칙 2: 기업은 인권 침해에 연루되지 않도록 적극 노력한다.
  Make sure that they are not complicit in human rights abuses

[노동]
- 원칙 3: 기업은 결사의 자유와 단체교섭권의 실질적인 인정을 지지하고,
  Businesses should uphold the freedom of association and the effectiverecognition of the right to collective bargaining
- 원칙 4: 모든 형태의 강제노동을 배제하며,
  the elimination of all forms of forced and compulsory labour
- 원칙 5: 아동노동을 효율적으로 철폐하고,
  the effective abolition of child labour; and
- 원칙 6: 고용 및 업무에서 차별을 철폐한다.
  the elimination of discrimination in respect of employment and occupation

[환경]
- 원칙 7: 기업은 환경 문제에 대한 예방적 접근을 지지하고,
  Businesses should support a precautionary approach to environmental challenges
- 원칙 8: 환경적 책임을 증진하는 조치를 수행하며,
  undertake initiatives to promote greater environmental responsibility
- 원칙 9: 환경친화적 기술의 개발과 확산을 촉진한다.
  encourage the development and diffusion of environmentally friendly technologies

[반부패]
- 원칙 10: 기업은 부당취득 및 뇌물 등을 포함하는 모든 형태의 부패에 반대한다.
  Businesses should work against corruption in all its forms, including extortion and bribery

출처: UN 글로벌 콤팩트 홈페이지

UN PRI의 탄생

그러나 이 조직이 기대보다 활성화되지 않자 코피 아난 사무총장은 '기업이 당면한 지구촌의 문제를 실질적으로 해결하도록 움직이게 하는 원동력이 무엇일까?'라는 현안에 대해 다양한 전문가들의 의견을 받아들여 금융기관과 투자사를 동원하게 된다. 즉, 금융기관과 투자사가 사회적으로 책임 있는 기업에 투자하게 한다면 기업은 움직일 것이라는 전문가의 조언을 받아들여 2004년, UN 글로벌 콤팩트와 20여 개 금융기관이 공동으로 〈Who Cares Wins〉라는 보고서를 만들게 된다.

이때 만들어진 〈Who Cares Wins〉 보고서에 ESG라는 용어가 처음 언급되었다고 알려져 있다. 영문판 위키피디아에는 ESG 관련하여 다음과 같이 명시하고 있다. "The term ESG was popularly used first in a 2004 report titled 'Who Cares Wins', which was a joint initiative of financial institutions at the invitation of the United Nations"

이 보고서에서는 자본시장에 환경, 사회 및 거버넌스(지배구조) 요소를 포함시키는 것이 비즈니스에 보다 합리적이며 지속가능한 시장과 사회에 더 나은 결과로 이어진다는 내용이 담겨있다. 또한, 보고서를 통해 전 세계 산업을 움직이는 금융투자자에게 ESG의 중요성을 인식시켰다. 이것을 계기로 환경적, 사회적으로 보다 더 책임 있고, 지속가능한 인류의 발전을 위해 노력하는 기업들을 대상으로 투자하도록 하는 원칙을 만들게 되었는데 이것이 바로 유엔책임투자원칙(UN Principles for Responsible Investment, UN PRI)이다.

UN PRI는 코피 아난 전 유엔 사무총장의 전폭적인 지지하에 UN 환경 프로그램금융계획(UN EPFI)과 UN 글로벌 콤팩트가 전 세계 유수의 기관투자자, 정부 및 산하기관, 시민사회, 학계 등의 전문가들과 함께 약 2년 동안의 준비 기간을 거쳐 2006년 4월 27일, 뉴욕증권거래소에서 이 원칙을 발표하였으며, 30여 개의 기관투자자들이 서명하면서 책임투자원칙의 도입을 선언하였다. 반기문 전 유엔 사무총장도 취임 이후 책임투자원칙을 적극 지지하며, 전 세계 투자자들에게 동참할 것을 촉구한 바 있다.

UN PRI는 전 세계 기관투자자들의 책임투자 흐름을 이끌고 있는 가장 큰 민간 이니셔티브로서 금융기관의 투자 의사결정 시 기업의 ESG 요소를 고려하는 것을 골자로 하고 있다. UN PRI 출범으로 ESG에 관한 글로벌의 관심과 관련 투자가 본격적으로 확산하는 계기가 되었다.*

또한, 2000년대 이후 전 세계 주요 국가에서 기업 가치와 ESG 요소에 대한 논의가 확대되자, 세계적인 환경 변화가 사회적 쟁점이 되면서 기업의 리스크 관리와 연계되어 새로운 기회를 찾아야 하는 필요가 커졌다. 이에 UN PRI에서는 6가지 투자원칙**과 35개의 세부 실천 프로그램을 발표하였다.

UN PRI 6가지 투자원칙은 다음과 같다.

> 첫째, ESG 이슈를 투자 분석과 의사결정 과정에 반영한다.
> (We will incorporate ESG issues into investment analysis and decision-making processes)
> 둘째, 적극인 투자자로서 ESG 이슈를 투자 정책 및 이행에 반영한다.
> (We will be active owners and incorporate ESG issues into our ownership policies and practices)
> 셋째, 투자하는 기업에게 ESG 이슈가 적절하게 공개되도록 요구한다.
> (We will seek appropriate disclosure on ESG issues by the entities in which we invest)

---

* UN 산하 국제기구로 오해받기도 하지만, 실제로는 영국에 본부를 둔 별도 민간 조직으로 UN EPFI와 UNGC의 지지를 받고 있다.
** 투자 금융기관이 투자 의사결정 과정에서 투자 대상 기업의 ESG경영 요소를 고려하여 투자하도록 하는 원칙

> 넷째, 투자업계 내 PRI 준수와 이행을 촉진한다.
> (We will promote acceptance and implementation of the Principles within the investment industry)
> 다섯째, PRI의 이행에 있어서 효과를 증대시킬 수 있도록 상호 협력한다.
> (We will work together to enhance our effectiveness in implementing the Principles)
> 여섯째, PRI의 이행에 대한 세부 활동과 진행사항을 보고한다.
> (We will each report on our activities and progress towards implementing the Principles)

여기서 주목해야 할 점은 6가지 투자원칙 중 1~3번까지 ESG라는 단어가 직접 명시되어 있다는 점이다. UN PRI 6가지 투자원칙은 환경, 사회, 지배구조와 같은 비재무적 요소들이 투자 의사결정의 중요한 요소로 부각됨에 따라 기관투자자들이 ESG 이슈에 따른 리스크를 줄이고, 장기수익을 달성할 수 있도록 지원하기 위해 개발되었다. 한마디로 새로운 투자 기준을 제시한 것이다.

이처럼 UN PRI에서는 서명 기관이 책임투자를 통해 지속가능한 금융 생태계를 구축하고, 기후위기와 인권 등 현실 문제를 해결하도록 다양한 플랫폼과 가이드라인을 제공하고 있다. 2021년부터는 ESG 공시와 평가 관련한 활동을 강화하고 있다(네이버 지식백과).

UN 지속가능발전목표 (UN SDGs)

2015년, 제70차 UN 총회 '지속가능발전' 정상회의에서 UN 지속가능발전목표(Sustainable Development Goals, SDGs)가 발표된다. '2030 지속가능발전 의제'라고도 하는 지속가능발전목표는 '단 한 사람도 소외되지 않는 것(Leave no one behind)'이라는 슬로건과 함께 '인간, 지구, 번영, 평화, 파트너십'이라는 5개 영역에서 인류가 나아가야 할 방향성을 17개 목표와 169개 세부 목표, 330개 성과지표를 제시하며 인류가 지속가능한 미래를 만들기 위한 세부항목을 제시하였다.

2015년에는 2000년 UN에서 채택된 의제인 2015년까지 빈곤을 반으로 감소시키자는 범세계인 약속인, 새천년개발목표(MDGs) 이행 목표 기한이 만료됨에 따라 후속으로 각국 정부들은 목표 달성을 위한 노력을 계속하고, 새로운 문제들을 해결할 필요성이 대두되었다. 지난 기간 동안 유엔은 향후 15년(2016~2030년) 간 전 세계적 해결과제의 우선순위가 무엇이어야 할지에 대한 논의를 해왔고, 2012년 6월, 리우+20회의에서 2015년 이후 글로벌 개발체제에 대해 합의하고, 17개의 새로운 목표로써 글로벌 우선순위인 UN 지속가능발전목표를 도출하게 되었다.

구분	UN 새천년개발목표 (MDGs, 2001~2015)	UN 지속가능발전목표 (SDGs, 2016~2030)
구성	8개 목표, 21개 세부목표	17개 목표, 169개 세부목표
대상	개발도상국	개발도상국과 선진국 모두
분야	빈곤, 의료 등 사회 분야 중심	경제 성장, 기후변화 등 경제·사회·환경의 지속가능발전 고려
참여	정부 중심	정부, 기업, 시민사회 등 모든 민간 이해관계자

출처: 지속가능발전 포털

 UN의 이런 움직임에 각 국가들은 가장 적절하고 관련 있는 목표 내의 세부목표와 성과지표를 선정해 척도로 삼을 수 있게 되었다. 이를 계기로 세계 각국은 UN 지속가능발전목표를 이행하기 위한 다양한 노력을 하고 있으며, 우리나라도 「지속가능발전 기본법」, 「저탄소 녹색성장 기본법」, 「국제개발협력 기본법」 등 정부정책 및 관련 법을 통해 UN SDGs의 개별 목표를 이행하고 있다.

UN 지속가능발전목표(2016~2030)

 지속가능발전 기본법

우리나라의 「지속가능발전 기본법」(2022년 1월 4일 제정, 7월 5일 시행)은 제1장 총칙 제1조(목적)에서 "경제·사회·환경의 균형과 조화를 통하여 지속가능한 경제 성장, 포용적 사회 및 기후·환경 위기 극복을 추구함으로써 현재 세대는 물론 미래 세대가 보다 나은 삶을 누릴 수 있도록 하고 국가와 지방 나아가 인류사회의 지속가능발전을 실현하는 것을 목적으로 한다"라고 명시하고 있다.

「지속가능발전 기본법」에서는 '지속가능성'을 "현재 세대의 필요를 충족시키기 위하여 미래 세대가 사용할 경제·사회·환경 등의 자원을 낭비하거나 여건을 저하시키지 아니하고, 이들이 서로 조화와 균형을 이루는 것을 말한다"라고 규정하고 있다.

또한, '지속가능발전'이란 "지속가능한 경제 성장과 포용적 사회, 깨끗하고 안정적인 환경이 지속가능성에 기초하여 조화와 균형을 이루는 발전"을 말하고, '지속가능발전목표'는 "2015년 국제연합(UN: United Nations) 총회에서 채택한 지속가능발전을 달성하기 위한 17개의 목표를 말한다"

라고 명시하고 있다. 우리나라 정부 역시 다른 국가와 마찬가지로 UN의 SDGs의 지속가능발전 정책에 보조를 맞추고 있으며,「지속가능발전 기본법」제정이 그런 취지라 할 수 있다. 아울러「지속가능발전 기본법」에서는 지속가능발전 기본전략 및 추진계획, 지속가능성 평가, 지속가능발전 위원회, 지속가능발전 시책에 관한 내용을 상세하게 다루고 있다.

기업의 지속가능발전을 위협하고 있는 기후위기로부터 자유로울 수 없는 전 세계 기업의 대내·외 경영 환경이 급속도로 변화하고 있다. 유럽연합(EU)은 협력회사들에게 에코바디스(EcoVadis) 평가 결과를 요구하거나 공급망실사지침(Directive on Corporate Sustainability Due diligence), 탄소국경조정제도(2023년 10월 1일 발효, 2026년 본격 시행 예정) 시행을 앞두고 있고, 글로벌 대기업들은 RE100(Renewable Energy 100%)에 의한 제품 생산 등 관련 요구를 강화하고 있는 상황이다.

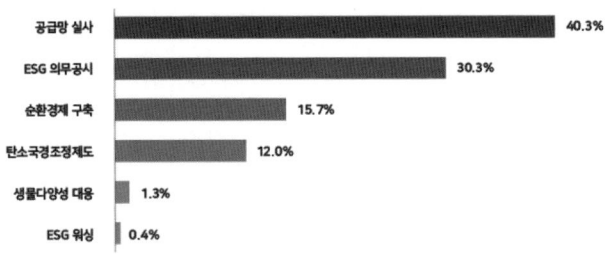

2023년 ESG 주요 현안, 출처: 대한상공회의소

국내 기업들도 ESG 추진을 위한 새로운 조직을 만들거나 전략을 수립하는 등 발 빠르게 대응하고 있다. 또한, ESG 평가 관련 기관들은 평가 기준의 표준화를 위한 다양한 활동을 추진하고 있다.

2021년, 한국거래소(KRX)는 상장법인의 ESG 정보공개 활성화를 위하여 'ESG 정보공개 가이던스'를 발표하였고, 산업통상자원부에서는 ESG 표준화 작업의 일환으로 ESG 진단지표를 포함한 'K-ESG 가이드라인'을 공개하였다. 2022년에는 유럽연합의 공급망실사지침(Directive on Corporate Sustainability Due diligence) 도입의 대응 차원에서 중소·중견기업을 위한 '공급망 K-ESG 가이드라인'을 발표하였다.

산업통상자원부 K-ESG 가이드라인

ESG경영이 기업에 중요한 이유

ESG경영이 기업에 중요한 이유는 주요 이해관계자의 요구사항이 점점 더 증가하기 때문이다. 첫째, 투자자의 ESG 요구증대다. 예컨대, 지배구조 개선을 위한 투자기관의 책임투자 및 ESG 투자전략 활용이 확대되고 있고, 2020년 1월에는 세계 최대 자산운용사인 블랙록(BlackRock)의 래리 핑크(Larry Fink) 회장의 연례 서한 발송이 ESG 투자를 촉발시켰다. 투자자는 기업의 미래가치가 ESG와 관련 있고 잠재적으로 기업의 재무 성과에 영향을 미친다고 판단하고 있다.

출처: 김앤장 ESG경영연구소

둘째, ESG 관련법과 제도가 강화되고 있다. 유럽연합(EU)의 공급망실사지침(Directive on Corporate Sustainability Due diligence), 미국 증권거래위원회(Securities and Exchange Commission, SEC)의 기후변화 관련 기업의 리스크 공시 의무화, 우리나라 기업의 ESG 공시 의무화*, 2050년 '탄소배출 넷제로(Net Zero)' 달성을 위한 감축 규제 및 기업의 준수 노력을 전방위적으로 강화하거나 요구하고 있다.

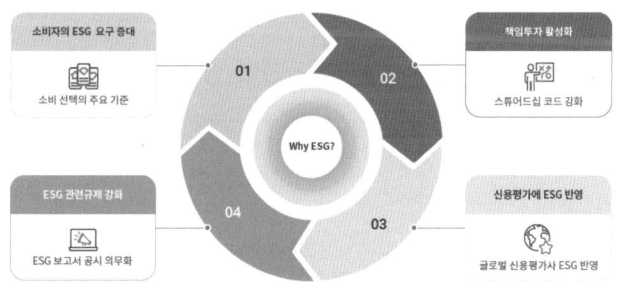

출처: KRX ESG 포털

셋째, 기업 평가에 ESG를 반영하는 것이다. 예컨대, 600여 개 이상의 글로벌 평가기관들이 ESG 요소를 기업의 신용평가에 직·간접적으로 반영하고 있다. 우리나라의 「지속가능발전 기본법」 제3장 제15조 2항에서도 지속가능발전지표에 따라 "2년마다 국가 또는 그 지방자치단체의 지속가능성을 평가하여야 한다"라고 명시하고 있다.

---

* 당초 자산규모 2조 이상 기업은 2025년까지, 코스피 상장기업은 2030년까지였으나 2023년 10월 16일 한국의 금융위원회가 IFRS-ISSB 공시 기준이 2023년 6월에 확정되었고, 미국 등 주요국 ESG 공시 의무화가 지연된 점 등을 고려하여 2026년 이후로 연기 발표

2019년 뱅크오브아메리카(Bank of America)가 발표한 〈ESG from A to Z〉 보고서에 따르면, MSCI(Morgan Stanley Capital International) ESG 점수가 높은 기업(상위 20%)이 낮은 기업(하위 20%) 대비 가치평가 프리미엄(Valuation Premium)효과가 높아지는 것으로 나타났다. 즉, ESG경영 활동이 기업의 실질적인 가치 증대에 더욱더 많은 영향력을 미치는 모습이다. 이제 ESG는 선택이 아닌 지속가능한 기업 경영의 필수 생존전략으로 인식되고 있다.

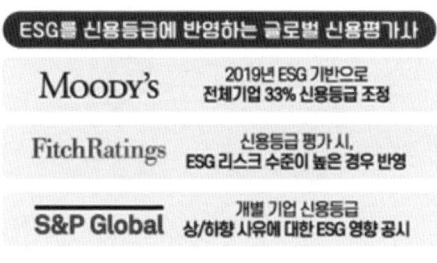

출처: 창업진흥원 공식 블로그

마지막으로 글로벌 대기업과 소비자 등 고객의 ESG 요구가 증가하고 있다. 예컨대, 공급망 내 협력사를 선정할 때 ESG를 주요 요소로 고려한다든가, 경제가 성장하면서 소비자들의 의식 수준도 높아지면서 우리나라의 MZ세대(1980년부터 2010년 초반 사이에 출생한 밀레니얼 세대와 Z세대를 통칭) 중심의 ESG 요구가 지속적으로 증가하고 있기 때문이라는 분석이다 (삼성KPMG 경제연구원, 2021).

 소비자들의 변화

소비자들이 빠르게 변화하고 있다. 소비자들은 사회적 책임을 소홀히 한 기업의 제품보다는 가격이 다소 높더라도 사회적 책임을 적극적으로 수행하는 회사의 제품을 선호하는 움직임을 보이고 있다. 예컨대, 환경이나 사회에 도움이 되는 제품이라면 더 비싼 가격으로 지불할 용의가 있거나 사회 문제를 일으키는 기업의 제품은 '혼쭐'과 같은 불매운동에 참여하기도 한다. 말 그대로 '가치 소비'를 지향하고 있다.

이처럼 소비자들은 점진적으로 기업의 제품이 사회적, 환경적으로 어떠한 긍정적인 영향이 있을지에 대해 깊은 관심을 보이고 있다. 과거 소비자들은 기업이 생산한 제품의 디자인, 품질, 가격 등에 집중했다면 최근 소비자들은 자신이 사용하는 제품이 어디서, 어떻게 생산되는지, 나아가 제품이 담고 있는 가치와 신념, 사회적, 환경적 책임을 다하고 있는지까지도 고려하여 구매하고 있다. 한마디로 ESG에 기반한 소비성향과 소비자의 구매 의사결정 과정에서의 선택 요인이 변화하고 있다. 지구온난화와 기후위기, 환경오염과 미세먼지 심화 등을 일상 속에서 체감하는 MZ세대는 환경 이슈에 민감하다(삼정KPMG, 2021).

특히, 코로나19 팬데믹으로 많은 소비자가 기후변화의 위험을 일상으로 체감하였고, ESG경영 확산으로 다양한 기업의 정보를 접하면서 소비자의 소비 행태와 기업에 대한 요구도 변화하고 있다. 대표적인 변화가 '미닝아웃(Meaning Out)'이다. 미닝아웃은 소비를 통해 자신의 가치관이나 신념을 표출하는 행위를 말한다. 기업이 환경보호에 기여하는지, 제품이 윤리적으로 생산되는지 등을 고려해 구매를 결정하는 '착한 소비'를 의미한다(KB 트렌드 보고서, 2021).

출처: 한국원자력환경공단

시장조사 전문기업 엠브레인 트렌드모니터가 2020년, 19~54살 성인 남녀 2천 명을 대상으로 실시한 '착한 소비 활동' 설문조사 결과에 의하면, 소비자 10명 중 7명이 "착한 소비를 실천하는 사람이 늘 것이다", "착한 소비에 동참할 의향이 있다"라고 답했다. 또한, "착한 소비는 친환경 소비를 의미한다"라는 응답이 59%로 가장 많았다. 소비 행태가 착한 소비, 친환경 소비로 바뀌면서 기업의 ESG 활동이 소비자의 구매 행동에도 영향을 주는 것으로 나타났다.

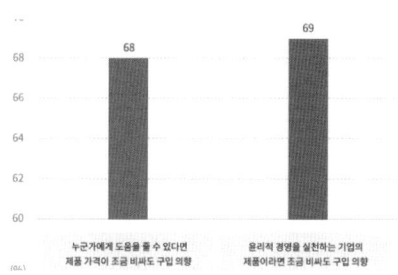

출처: 엠브레인 트렌드모니터

    2021년 5월, 대한상공회의소가 국민 300명을 대상으로 실시한 'ESG 경영과 기업 역할에 대한 인식'에 대한 설문조사 결과에서는 "기업의 ESG 활동이 소비자의 제품 구매에 영향을 준다"라고 응답한 사람이 63%에 달했다.

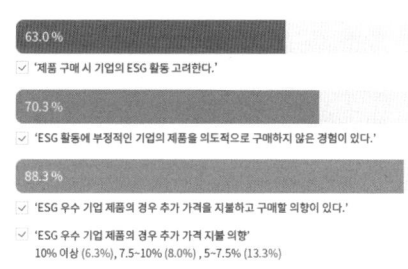

ESG 경영에 대한 국민인식조사 결과(대한상의, '21.5)

    70.3%는 "ESG 활동에 부정적인 기업의 제품을 의도적으로 구매하지 않은 경험이 있다"라고 답했다. 이처럼 ESG 소비문화가 정착되면서 기

업의 ESG경영 활동을 소비자에게 효과적으로 전달하고 공감을 얻는 소통전략이 강조되고 있다.

한국경제신문 한경ESG가 2021년 이어 2022년에 20대 이상 성인 남녀 소비자 4,000명을 대상으로 한 기업 ESG 브랜드 조사(각 기업의 ESG 활동이 일반 소비자에게 어떻게 평가되는지를 알아보는 지표) 결과에 따르면, ESG에 대한 용어 인지율이 69.2%에 달했다. 반면, 2023년 동일한 조사에서는 인지율이 76.2%로 전년 대비 7% 증가한 것으로 나타났다.

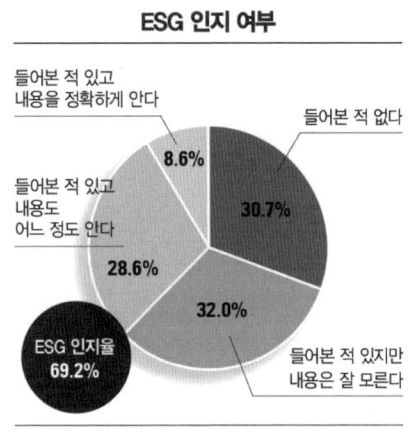

출처: 글로벌리서치, 한경ESG

또한, ESG경영을 잘하는 기업에 대한 평가에서는 "기업의 이미지가 좋아진다", "신뢰감이 생긴다", "해당 기업의 제품과 서비스를 이용하고 싶다"라는 항목에서 응답률이 각각 84.9%, 80.9%, 76.5%로 나타났다(글로벌리서치&한경ESG, 2022). 국내 소비자들도 매스컴과 SNS, 유튜브 등 다양한 미디어를 통해 ESG를 접하면서 ESG에 대한 의식이 한층 높아지고 있다.

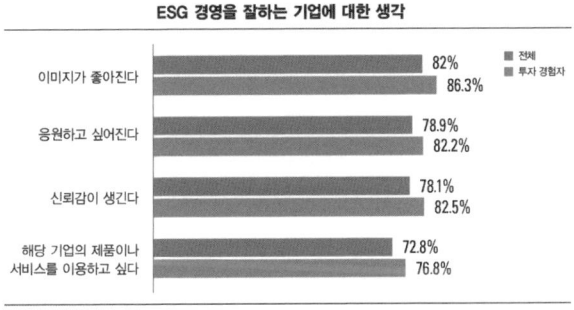

출처: 글로벌리서치, 한경ESG

온라인(e커머스) 시장의 움직임

　유통산업 측면에서 보면 코로나19 팬데믹 기간 비대면의 일상화로 소비자의 구매패턴도 과거 오프라인 중심의 소비시장이 온라인(e커머스)으로 전환되고, 비대면 서비스가 확장되면서 서비스의 온라인화 전환이 가속화되었다. 코로나19 기간 비대면 라이프스타일 정착으로 소비자가 상대적으로 집에 머무르는 시간이 많아지면서 온라인을 통한 제품 구매의 범위와 방법 그리고 계층이 넓어지면서 거래 규모 또한 증가하였다가 코로나19 엔데믹 이후 오프라인 매장이 상대적으로 활기를 찾아가는 모습이다.

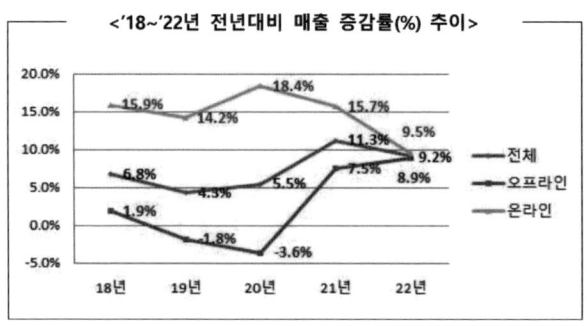

출처: 산업통상자원부 보도자료(2023.2.2.)

2022년, 보스턴컨설팅그룹(BCG)이 한국의 유통시장을 전망한 보고서에 따르면, 국내 e커머스 시장은 2025년 220조 원대에 이르고 오프라인 시장은 같은 기간 역성장을 지속하면서 2025년엔 국내 유통시장에서 사상 처음으로 e커머스 시장이 오프라인 시장을 앞지를 것으로 전망한 바 있다. 실제로 2010년 25조 원이었던 국내 e커머스 거래액 규모는 2022년 209조 원을 돌파하면서 최근 5년간 연평균 24% 이상의 고성장을 기록하는 등 보스턴컨설팅그룹(BCG)이 전망한 것보다 빨라지고 있는 추세이다.

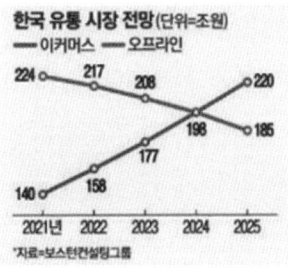

온라인 유통은 정보통신 기술의 발달과 스마트폰 보급률의 확대와 맞물려 성장세를 이어가고 있다(이종우, 2021). 정보통신정책연구원의 '2020년 한국 미디어 패널 조사 결과'를 살펴보면, 한국에서는 만 6세 이상의 97%가 휴대전화를 보유하고 있으며, 그중 93.8%가 스마트폰을 사용하고 있는 것으로 나타났다(KISDI, 2021). 스마트폰에 의한 구매 비중은 시간이 갈수록 증가하고, 이는 오프라인 기반의 업태나 업종의 실적에 심대한 영향을 미칠 것으로 내다보고 있다.

출처: 픽사베이

유통기업은 최종 소비자와의 접점(MOT, Moment of Truth)에서 상호작용을 하기 때문에 기업의 사회적 책임 활동과 관련해 사회 전반에 미치는 영향력이 큰 것으로 알려져 있다(전광호·김성진, 2014). 소비자 관점에서는 지역사회, 환경 문제, 기부 활동 및 제품과 관련된 윤리성 등이 기업의 사회적 책임 활동 효과에 긍정적으로 나타났다(김해룡 외, 2005). 또한, 소비자가 생각하는 기업의 사회적 책임과 사회공헌, 환경보호 활동 등의 평가 결과가 소비자의 습관적 구매 의사결정 과정에 영향을 미치기도 한다(전유정·유현정, 2018).

대한상공회의소가 소매유통기업 250개 사를 대상으로 시행한 '2024년 소비시장 전망 조사' 결과에 따르면, 2024년에 주목할 만한 글로벌 유통 트렌드는 신규 수익원 확보 및 비용 절감을 통한 수익 중심 기조 강화, 온·오프라인 매장을 광고 플랫폼으로 활용하는 리테일미디어 플랫폼 확산, 편리한 쇼핑 경험 제공 및 유통비용 감축이 가능한 리테일테크 고도화 등으로 나타났다.

온라인 쇼핑의 강세는 당분간 지속될 것으로 전망됐다. 코로나19 엔데믹으로 성장세가 꺾일 것 같았던 온라인 쇼핑은 여행, 문화, 레저 등에 힘입어 2023년에 성장률이 회복세를 보인 가운데 '고물가·고금리'가 지속되는 상황에서 합리적 소비성향이 일상화되면서 2024년에도 온라인 쇼핑의 강세가 계속될 것으로 내다봤다.

이마트 유통산업연구소에서도 2024년 대형마트 시장 전망에서 인구구조 변화와 유통 환경의 구조적 변화로 유의미한 업황 전환을 기대하기 어려울 것으로 진단하였다.

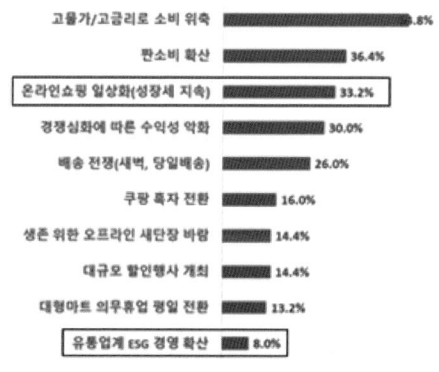

2023년 유통업계 10대 이슈, 출처: 대한상공회의소

소비자 관점에서의 ESG경영

전 세계적으로 기업의 ESG 관련 연구가 다양하게 이루어지고 있으나, 한국의 유통산업이나 소비자 관점에서의 ESG경영 관련 연구는 타 업종 대비 매우 부족한 게 현실이다. 따라서 유통산업 생태계의 모든 이해관계자가 ESG경영 활동 중 어디에 초점을 두고 실행해야 하는지에 대한 논의가 필요한 시점이다.

UN 글로벌 콤팩트 발표 이후 학계에서는 ESG 관련 연구를 2010년부터 시작하였으며, UN에서 추진하는 지속가능발전 정책과 산업 경제에 관한 연관성 연구가 주를 이루었다. ESG가 전 세계적인 대세가 된 2022년 이후부터는 시대 흐름을 의식해 Koh et al.(2022), Puriwat & Tripopsakul(2022), Tripopsakul & Puriwat(2022) 등의 연구자들에 의해서 'ESG와 소비자 또는 브랜드에 관한 영향 연구'가 이루어졌다. 2023년부터는 ESG의 연구 주제가 점차 다양해지며, Bae 외 (2023)의 'ESG와 입소문에 관한 연구', Lee & Rhee (2023)의 'ESG에 대한 소비자의 브랜드' 등의 연구가 있었다.

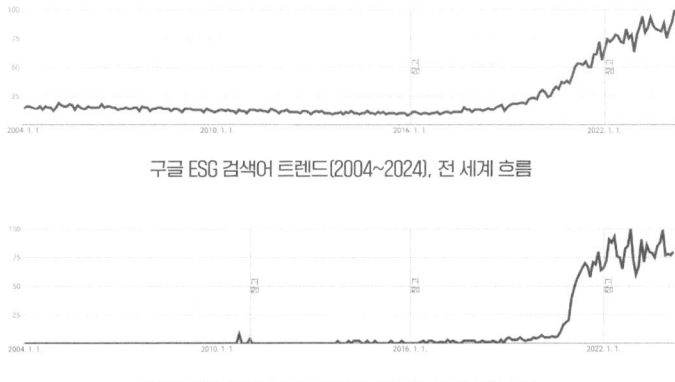

구글 ESG 검색어 트렌드(2004~2024), 전 세계 흐름

구글 ESG 검색어 트렌드(2004~2024), 우리나라 흐름

딜로이트(Deloitte, 세계 4대 회계법인)가 국내·외 비재무적 평가(DJSI, MSCI 등)를 종합적으로 분석한 산업별 ESG 관련 우선순위 이슈에서 유통산업은 '환경과 사회' 부문에 집중하고 있기 때문에 임직원들의 고용안정과 건강한 노동환경 부문을 우선순위에 놓고 ESG경영을 해야 함을 강조하고 있다. 소비자 관점에서 윤리적 가치가 있고, 성장하는 기업의 제품과 서비스에 더 호감을 느끼고, 구매하기 때문에 기업들은 끊임없이 대내·외 경영 환경 리스크를 예측하면서 재무적인 성과도 동시에 창출해야 하는 전략을 수립해야 한다(이준희, 2020).

소비자와 밀접한 거래 관계가 있는 유통산업은 ESG경영에 대한 사회적 요구가 확대되면서 기업에 대한 소비자의 인식과 평가가 중요해졌다. 과거 소비자들은 가격과 품질이 좋은 제품과 서비스를 중요하게 생각하였으나, 최근 소비자들은 사회적 가치에 대한 인식이 강화되면서 제품 자체가 갖고 있는 고유의 가치를 비롯하여 기업의 사회적 책임이나 사회공헌 활동 노력도 중요하게 생각하고 있다(김수연 외, 2021).

대표적인 사례가 MZ세대들이 좋아하는 의류 브랜드 '파타고니아'이다. 의류업체 파타고니아는 창업 초기부터 주 구매층인 신세대에게 어필하는 전략으로 친사회적·환경기업 이미지 구축에 상당한 공을 들였다. 친환경 재활용 소재를 활용한다든가, 기후변화 대응에 매출의 1% 기부, 공급망에 친환경 정책 관철 등 ESG경영에 힘을 기울인 결과, 경쟁사 대비 비싼 가격임에도 불구하고 파타고니아는 소비자들의 가치 소비 증대에 따라 매출이 급성장하였다.

출처: 파타고니아 홈페이지

따라서 진정성 있게 ESG경영 활동을 하는 기업의 제품과 서비스에 대한 소비자의 구매가 확산된다면 실적 향상으로 이어지고, 이는 해당 기업에 대한 금융기관의 투자 확대로 이어질 수 있다. 결국 이러한 선순환 고리가 중·장기적으로 모든 이해관계자에게 혜택이 돌아가고, 기업의 지속가능성장으로 승화되는 것이 ESG의 핵심이라고 할 수 있다.

 파타고니아(Patagonia)에 열광하는 이유

우리나라 MZ세대에게 '가치 소비'의 대명사로도 잘 알려진 친환경 아웃도어 패션 브랜드인 파타고니아는 2011년 11월 25일, 미국 〈뉴욕타임스〉에 "이 자켓을 사지마세요(Don't Buy This Jacket)"라는 캠페인을 전면 광고하면서 세상에 알려졌다.

출처: 파타고니아 홈페이지

2011년 11월 25일에 처음 뉴욕타임즈에 게재된 파타고니아의 "Don't Buy This Jacket?" 관련 내용 중 일부를 발췌하였다.

Why run an ad in The New York Times on Black Friday telling people, "Don't Buy This Jacket"?
(블랙프라이데이에 "이 재킷을 사지 마세요"라는 광고를 뉴욕타임스에 게재하는 이유는 무엇일까요?)
It's time for us as a company to address the issue of consumerism and do it head on.
(이제는 기업으로서 '소비주의' 문제를 해결하고 정면 대응해야 할 때입니다.)
The most challenging, and important, element of the 'Common Threads Initiative' is this: to lighten our environmental footprint, everyone needs to consume less. Businesses need to make fewer things but of higher quality. Customers need to think twice before they buy.
('Common Threads Initiative'의 가장 도전적이고 중요한 요소는 환경에 미치는 영향을 줄이기 위해 모든 사람이 더 적은 양의 소비를 해야 한다는 것입니다. 기업은 더 적은 수의 제품을 만들어야 하지만 품질은 더 높아야 합니다. 고객은 구매하기 전에 두 번 생각해야 합니다.)
Each piece of Patagonia clothing, whether or not it's organic or uses recycled materials, emits several times its weight in greenhouse gases, generates at least another half garment's worth of scrap, and draws down copious amounts of freshwater now growing scarce everywhere on the planet.
(유기농이든 재활용 재료를 사용하든 파타고니아 의류의 각 조각은 무게의 몇 배에 달하는 온실가스를 배출하고, 적어도 옷의 절반 분량의 쓰레기를 생성하며, 현재 지구상 어디에서나 부족해지고 있는 엄청난 양의 담수를 흡수합니다.)
It's part of our purpose to inspire and implement solutions to the environmental crisis. In 2018, we changed the company's purpose to: We're in business to save our home planet.
(환경위기에 대한 해결책을 모색하고 실행하는 것이 우리 목적의 일부입니다. 2018년에 우리는 회사의 목적을 다음과 같이 변경했습니다. 우리는 지구를 구하는 사업을 하고 있습니다.)
It would be hypocritical for us to work for environmental change without encouraging customers to think before they buy. To reduce environmental damage, we all have to reduce consumption as well as make products in more

environmentally sensitive, less harmful ways. It's not hypocrisy for us to address the need to reduce consumption.
(고객이 구매하기 전에 생각하도록 장려하지 않고 환경 변화를 위해 노력하는 것은 위선적일 것입니다. 환경 피해를 줄이려면 우리 모두 소비를 줄여야 할 뿐만 아니라 환경에 더 민감하고 덜 유해한 방식으로 제품을 만들어야 합니다. 소비를 줄여야 한다는 필요성을 언급하는 것은 위선이 아닙니다.)

출처: 파타고니아 스타필드 하남점

Patagonia now has a used clothing program, 'Worn Wear', to keep more of what we make in play longer and out of landfills.
(파타고니아는 이제 우리가 만든 의류를 매립하지 않고 더 오랫동안 보관하기 위해 'Worn Wear'라는 중고 의류 프로그램을 운영하고 있습니다.)
We used the line "Don't Buy This Shirt" several years ago in a catalog essay, to strong response. It is our hope that this headline will prompt as many people as possible to read the full ad, then take the Common Threads Initiative pledge.
(우리는 몇 년 전 카탈로그 에세이에서 강력한 반응을 얻기 위해 "이 셔츠를 사지 마세요"라는 문구를 사용했습니다. 이 헤드라인을 통해 최대한 많은 사람들이 광고 전문을 읽고 'Common Threads Initiative' 서약에 참여하게 되기를 바랍니다.)

파타고니아의 대표적인 캠페인은 '함께해요(Patagonia Common Threads Initiative'이다. 이것은 환경보호를 위한 활동을 파타고니아 고객과 함께해 나가겠다는 약속이기도 하다. 파타고니아는 '필요 없는 옷은 사지 말라', '정말 필요하면 오래 쓸 수 있는 품질 좋은 옷을 사거나', '망가진 옷은 고쳐 입고', '입지 않은 옷은 다른 사람이 쓸 수 있게 중고로 팔거나', '자원을 절약할 수 있는 재활용을 요구'하면서 '환경 보호를 위한 활동', '소비를 줄이기 위한 활동', '제품을 쓰레기로 만든 것을 막자는 활동'에 참여해 달라고 최초로 요청한 회사이기도 하다. 그러면서 '오래 입을 수 있고, 몇 년을 입어도 바꿀 필요가 없는 품질이 매우 뛰어난 제품을 만든 것이 가장 중요하다'는 철학을 가지고 있는 브랜드이다.

이와 유사한 개념이 우리나라에서도 있었다. 일명 '아나바다 운동'이다. 이 운동은 1997년 외환 위기가 발생한 이듬해인 1998년에 등장하였으며, 당시 IMF로 나라 경제가 어려운 상황에서 물자를 불필요하게 낭비하지 말고, 재활용할 수 있는 것은 버리지 말고, 다시 사용하는 등 불필요한 지출을 줄이자는 캠페인이었다. IMF의 어려운 시기와 함께 전국적인 캠페인으로 발전했으며, 성공적인 정부주도 캠페인 슬로건 중 하나로 알려져 있다(나무위키).

출처: 환경부 아나바다 포스터

유통기업의 경쟁력을 강화해 줄 무기

필자는 우리나라의 유통산업이 오프라인에서 온라인으로 넘어가는 대변혁기에 향후 오프라인 유통기업의 경쟁력을 강화해 줄 중·장기적 전략 무기로 소비자 관점에서의 'ESG경영 활동'에 주목하였다. 특히, 최근 몇 년간 온라인 대비 시장 점유율과 매출액 그리고 수익이 감소하는 대형마트로서는 혁신적인 전략이 필요한 변곡점에 와있는 경영 환경이다. 대형마트는 전국 시, 군 단위 상권의 중심에 위치하고 있어서 지역 환경, 지역민 생활과 밀접한 연관이 있으며, 거래하고 있는 수많은 공급망 내 협력회사와의 지속적인 동반 성장도 중요한 의미가 있다.

대한상공회의소가 2024년, 소매유통기업 250개 사를 대상으로 시행한 '2024년 소비시장 전망 조사' 결과에 따르면, 2024년 소매시장은 2023년 대비 1.6% 성장에 머물 것으로 집계됐다. 업태별로 보면 온라인은 '맑음', 백화점과 슈퍼마켓은 '양극화 심화', 대형마트는 '고전'할 것으로 예상하였다.

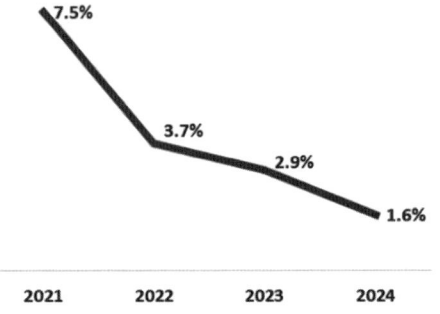

* 소매시장 성장률(전년대비) : 통계청 소매판매액(승용차·연료소매점 제외)
** '23년(1~9월) 성장률(2.9%)은 전년 같은 기간(22.1~9월) 대비 성장률

2024 소매시장 성장률 전망, 출처: 대한상공회의소

    소비자의 'Needs & Wants'는 끊임없이 진화한다. 유통업체에서도 진화하는 소비자를 자사의 플랫폼(온·오프라인 매장)으로 흡인하기 위한 다양하고도 혁신적인 방법이 그동안 연구되고, 실행되었다. 그중 많은 기업이 추진해 온 전사 차원의 경영혁신과 마케팅 전략의 궁극적인 목적은 결국, 기업 이미지, 기업 신뢰도, 소비자 태도, 고객 충성도, 소비자의 재이용 의도에 긍정적 영향을 미치게 하고, 이것이 곧 기업의 지속가능한 성장을 위한 행보였음은 주지의 사실이다.

 성과 있는 곳에 보상이 따른다

출처: 픽사베이

국내 유통업체의 대명사인 신세계 그룹이 백화점·이마트 부문의 2024년 임원 인사를 종전과는 다르게 2023년 9월, 예년보다는 빠르게 앞당겨 전격 실시하였다. 신세계 백화점과 이마트의 대표를 비롯하여 대표이사의 40%를 파격적으로 교체하고, 실적이 부진한 상당수 임원을 내보내는 등 선제적이고, 전례 없는 인사를 단행하였다. 이마트가 2023년 상반기 연결 기준 394억 원이라는 초유의 영업손실이 발생했기 때문이다. 신세계 그룹 인사의 핵심은 '신상필벌'이다. 즉, '성과 있는 곳에 보상이 따른다'는 인사원칙과 소비심리가 위축되는 경영 환경에서 위기를 선제적으로 극복하려는 초강수의 인사라는 평이었다. 지속성장을 위한 기업의 냉철한 인적 쇄신전략이라 할 수 있다. 결국 이마트는 2023년, 29조가 넘는 역대 최대 매출(연결재무제표 기준) 실적을 실현했음에도 불구하고, 469억 원의 영업손실(적자)을 낸 것으로 알려졌다. 이에 이마트는 2024년 3월 25일, 1993년 설립 이후 창사 이래 처음으로 근속 15년 이상의 직원을 대상으로 희망퇴직을 받는다고 발표하였다.

롯데마트 역시 2021년에 이어 2023년 하반기에 10년 이상 임직원을 대상으로 희망퇴직을 받은 바 있다. 이는 주요 유통업체들이 경영악화의 요인을 인적 쇄신으로 적극 대처하려는 출구전략이라 할 수 있다. 이는 유통업체가 전반적으로 2024년도 경기 전망을 낙관적으로 보고 있지 않다는 단적인 증거라 할 수 있다. 실적 부진의 핵심은 쿠팡, 중국의 알리익스프레스, 테무 등 이커머스 시장의 급부상이라는 시대적 흐름에서 찾을 수 있을 듯하다. 특히, 쿠팡은 2023년, 32조 원의 매출 실적을 실현하여, 대형마트 1인자 이마트를 제치고 국내 온·오프라인 유통시장에서 1위에 등극하였다. 이 흐름이 지속될지 시장의 관심은 지대하다.

신세계그룹, 파격 쇄신 인사…대표 40% 물갈이

신세계백화점 명동 본점. 신세계백화점 제공신세계그룹이 2024년 정기 임원 인사를 통해 백화점과 이마트 대표를 모두 교체하는 강수를 뒀다. 대대…

일간스포츠

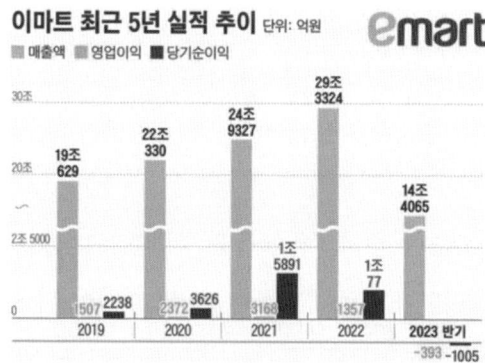

출처: 금융감독원

 불매운동으로 막 내린 오너경영

1964년 창립한 ○○유업 오너경영 체제가 60년 만에 막을 내렸다. 대법원의 판결에 따라 "○○유업이 국내 사모펀드(PEF) 한앤컴퍼니에 경영권을 넘겨주게 됐다"라는 뉴스가 2024년 1월 4일 보도되었다. 이번 사태는 대기업을 마치 일가족 소유물처럼 주무르는 재벌 경영 행태의 한계를 드러낸 대표적 사례로 보는 시각이 지배적이다.

○○유업은 2013년, 대리점에 물품을 강매하고 대리점주에게 폭언한 사실 등이 알려지면서 전국적인 불매운동의 대상이 되었고, 창업주 외손녀의 마약 투약 사건, 2021년 4월에는 ○○유업의 "불가리스가 신종 코로나바이러스 코로나19를 억제하는 효과가 있다"라는 검증되지 않은 연구 결과를 발표하여 사회적 파장을 일으키면서 기업 이미지에 큰 타격을 받았다.

이에 당시 회장은 2021년 5월, 회장직 사퇴를 발표하며 자신과 가족이 보유한 ○○유업 지분 53%를 3,107억 원에 매각하는 계약을 한앤코와 체결했는데, 같은 해 9월 돌연 계약해지를 통보하는 등 경영권을 둘러싼 양측간의 법정공방이 이어졌지만, 대법원은 한앤코의 손을 들어줬다.

결국 그동안 이러저러한 논란과 사건으로 ○○유업은 기업 이미지와 신뢰가 훼손되고, 이는 해당 기업을 바라보는 소비자의 태도에 부정적 영향을 미쳐 소비자 불매운동으로 자연스럽게 이어졌다. 그 결과 ○○유업의 실적은 곤두박질쳤고, 몇 년간 적자를 기록하였다. MZ세대는 "사회적 물의를 일으킨 기업에 대해서는 '혼쭐'과 같은 '불매운동', 착한 기업과 가게에는 '돈쭐'이라는 방식으로 자신의 가치를 표현한다"는 조사 결과도 있다. 또한, 본 사태를 오너 재벌 경영의 한계로 나타난 지배구조(거버넌스)에도 문제가 있음을 보여주는 사건으로 보는 시각도 있다.

	미닝아웃	돈쭐	가심비	바이콧	플렉스	기타
응답률(%)	28.7	10.3	46.6	6.1	7.9	0.3

① 미닝아웃 [Meaning-out, 가격·품질 외 요소 통해 개인신념 표출] ② 돈쭐 [돈으로 혼내주는 구매운동]
③ 가심비 [가격대비 심리적 만족 추구] ④ 바이콧 [구매운동/불매운동의 반대] ⑤ 플렉스 [자랑/과시형 소비]

MZ세대 가치 소비를 잘 반영하는 개념, 출처: 대한상공회의소

이번 사건을 통해 확인할 수 있는 것은 글로벌 기업 경영의 패러다임으로 자리매김하고 있는 ESG가 자칫 'ESG 워싱'과 '그린 워싱'으로 변질되거나 기업에 의한 ESG 저항이 발생할 때 제일 먼저 알아보는 것은 결국 소비자의 매서운 '감시 레이더망'이라는 것이다. 지금의 소비자는 과거보다 더 윤리적이고 도덕적인 기업에 자신이 할 수 있는 최고의 찬사인 구매로 신호를 보낸다. 즉, ESG 활동에 부정적인 기업의 제품을 의도적으로 구매하지 않은 소비자가 점점 더 증가하는 추세라 할 수 있다.

출처: 픽사베이

결국 변화하지 않는 기업은 영속할 수 없다. 기업은 소비자로부터 긍정적 이미지와 신뢰 구축을 기반으로 고객 충성도를 끊임없이 높여야 하며, 이러한 활동이 종국에 가서는 해당 브랜드나 제품에 대한 소비자의 재이용 의도로 자연스럽게 연결되는 것이다. 이것이 기업 지속가능성의 핵심이다. 예컨대, 유명 연예인의 부정한 행동으로 광고기업의 이미지가 훼손될 때 해당 연예인에 대한 기업의 손해배상 청구가 이래서 발생하는 것이다.

소비자가 대형마트에 가는 이유

그렇다면 이런 환경하에서 선택의 여지가 없는 전 세계적 경영 패러다임인 ESG, 특히 국내 대형마트별로 추진해온 ESG경영 활동이 과연 소비자를 자사의 매장에 다시 오게 하는 데에 어떤 영향을 미치는가에 주목하는 것은 매우 중요한 관전 포인트라 할 수 있다. 따라서 필자는 '국내 대형마트의 ESG경영 활동이 소비자 재이용 의도에 미치는 영향'에 관한 최근의 실증연구 결과를 기반으로 마케팅 활동의 핵심인 기업 이미지, 기업 신뢰도, 소비자 태도, 고객 충성도, 소비자의 재이용 의도 관점에서 연구 결과를 공유하기 위해 본서를 집필하게 되었다.

또한, 코로나19 팬데믹을 경험하고, 스마트폰의 활용 증가로 소비자의 구매성향이 e커머스로 빠르게 전환하고 있는 작금의 상황에서 지금까지 대형마트의 오프라인 영업 및 마케팅 전략에 새로운 변화가 필요한 시점인 것은 분명해 보인다. 따라서 국내 오프라인 유통기업의 한 축인 대형마트에서의 ESG경영 활동이 지속가능한 성장에 새로운 동력이 될 수 있을지 여부와 사회공헌 차원의 활동이 아닌 보다 진정성 있는 ESG경영 전략을 고민해야 할 때라 생각한다.

월마트의 EDLP(좌), 대형마트 쇼핑객(우)

대형마트 영업의 본질은 EDLP(Every Day Low Price)이다. 하지만 소위 '쿠팡 효과'로 불리는 온라인 플랫폼과의 치열한 가격 전쟁에서 대형마트는 버거운 싸움을 해왔다. 따라서 대형마트는 마트의 본질인 EDLP(Every Day Low Price) 전술은 그대로 유지하면서 온라인에서 볼 수 없는 새로운 성장동력을 고객과의 상호작용을 통해서 선제적으로 개척해 나가야 한다.

대형마트 성장동력의 핵심은 소비자의 지속적인 반복구매 창출이다. 그러기 위해서는 중·장기적 차원의 새로운 성장동력이 절실하다. 따라서 어떻게 하면 기업의 이미지와 신뢰도를 실질적, 지속적으로 제고시키고, 기업을 바라보는 소비자의 태도가 고객 충성도로 연결되어 소비자의 반복적인 이용으로 확산할 수 있을까에 대한 근본적이고 혁신적인 전략이 필요하다. 필자는 소비자가 인지할 수 있는 대형마트의 ESG경영 활동 연구결과가 희망적인 시그널을 줄 것으로 확신한다. 그러므로 소비자에게 제대로 인지된 ESG경영 활동이 진정성 있게 추진된다면 중·장기적으로 기업의 재무적 성과에 긍정적인 영향을 미칠 수 있을 것으로 전망한다.

출처: 이마트 홈페이지(좌), 롯데마트 홈페이지(우)

성숙기 말기에 접어든 국내 대형마트 시장에서 소비자에게 인지된 '대형마트의 ESG경영 활동'이 e커머스(온라인) 플랫폼보다 상대적 시장점유율 확대와 재무적 성과 창출의 지렛대(레버리지)가 될 것인지는 향후 유통기업의 ESG경영 전략 추진에 중요한 관전 포인트가 될 것으로 예상된다.

고객은
이런 매장에 간다

2장
ESG경영의 이해

# ESG의 개념

ESG는 환경(Environmental), 사회(Social), 지배구조(Governance)의 영문 첫 글자를 조합한 단어로, 기업경영에서 지속가능성을 달성하기 위한 3가지 핵심 요소이자, 기업의 지속적인 성장과 생존에 직결되는 핵심가치로 인식되고 있다. 한마디로 기업이 환경적, 사회적, 경제적 책임을 바탕으로 지속가능한 패러다임을 추구하는 경영을 말한다. 즉, 경영주체인 기업이 이윤 극대화를 추구하는 기존의 경영방식에서 벗어나 ESG경영 활동을 통해 매출 증대, 리스크 관리, 금융비용 감소, 신용등급 상승, 글로벌 기업의 공급망 내 진입 등으로 기업 가치를 제고할 수 있는 기업경영의 뉴 패러다임이라 할 수 있다.

과거 기업의 평가는 '얼마를 투자해서, 얼마를 벌었는가?'라는 관점에서의 '재무적' 지표가 기준이었다면, 최근에는 기업이 사회에 미치는 영향력이 증가하면서 '비재무적' 지표가 기업의 실질적인 가치평가에 있어서 더 중요할 수 있다는 인식이 확산되고 있다.

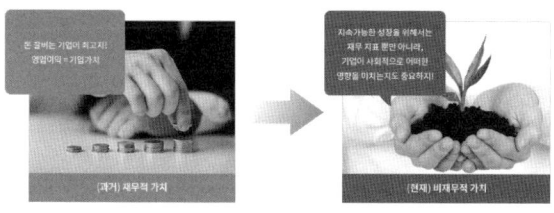

출처: KRX ESG 포털

이제는 수익 중심의 전통적 기업 경영의 패러다임에서 ESG라는 새로운 경영 패러다임으로 지체 없이 전환해야 소비자, 투자자, 글로벌 대기업과 신용평가기관 등 다양한 이해관계자로부터 기업의 지속가능성장을 보장받을 수 있는 환경으로 빠르게 변화하고 있다. 즉, 과거에 기업의 재무적 성과만을 평가하는 것과는 달리 장기적 관점에서 기업 가치와 지속가능성에 영향을 주는 비재무적 요소를 반영해 평가하는 것이다(안용준, 2021).

국제적으로 ESG 개념을 제시하고 구체화하는 과정은 2000년, UN의 글로벌 콤팩트의 10대 원칙에서 시작하였다.

출처: Earlymetrics

2005년 초, 제7대 UN 사무총장이었던 코피 아난의 요청으로 전 세계 20개의 기관투자자 그룹이 참여하여 만들어 발표한 공식 보고서인 유엔책임투자원칙에 ESG라는 용어가 등장하였다. 2006년, 유엔책임투자 6가지 원칙에서는 구체적인 ESG 정보공시, 제70차 UN 총회(2015년) '지속가능발전' 정상회의에서는 UN 지속가능발전목표(SDGs) 17가지를 제시하며 ESG 실천원칙을 발전시켰다.

ESG 개념은 지속가능성과 연동되어 있다. UN이 1983년에 설립한 세계환경개발위원회에서 노르웨이 수상 브룬틀란트(Brundtland)의 주도로 1987년에 제출한 〈브룬틀란트 보고서〉에서 지속가능한 개발(Sustainable Development)이라는 개념이 처음으로 정의되었다. ESG의 역사적 기원은 경제적 가치와 구분하여 사회적인 가치를 논의하면서 비롯되었다고 할 수 있다.

한국거래소(KRX)는 ESG를 '기업의 전략을 실행하고 기업의 가치를 높이기 위한 능력에 영향을 미칠 수 있는 환경, 사회, 지배구조(거버넌스)에 관한 요소들을 포괄하는 개념'이라고 규정하고 있다. MSCI(Morgan Stanley Capital International)는 ESG 투자를 지속가능한 투자, 사회책임투자로 간주하기도 한다. UN 책임투자원칙 보고서에서는 ESG를 재무적 가치에 영향을 미칠 수 있는 비재무적 요소로써 투자자들이 투자 의사결정 과정에서 고려해야 할 중요한 요소로 보고 있다(United Nations, 2006).

ESG는 기업이 환경, 사회, 지배구조 분야에서 지속가능성을 추구하는 핵심 경영전략이자, 분야별 비재무적 성과를 판단하는 기준이 되고 있고, 기업이 지속가능한 성장을 하기 위해서는 환경과 사회에 미치는 악영향을 줄이고, 지배구조의 효율성을 높여야 한다. 따라서 상당수 기업은 ESG의 3가지 핵심 요소(환경·사회·지배구조)를 경쟁전략의 중요사항으로 고려하여 경영전략에 반영하고 있는 추세이다.

최근에는 기업의 경영과 가치에 미치는 다양한 이해관계자가 ESG경영을 요구하고 있기 때문에 이제 ESG는 모든 기업에게 더욱 중요해지고 있다(김세규, 2021; Tarmuji et al., 2016; Galbreath, 2013).

 ESG의 구성 요소

UN 환경프로그램금융계획과 UN 글로벌 콤팩트의 지지를 받고 있는 UN PRI에서는 ESG의 주요 이슈를 서명국과 협력하여 식별하고, 현실적인 문제를 해결하기 위한 다양한 플랫폼과 가이드라인을 제공하고 있다.

Sortation	Environmental	Social	Governance
issues	Sustainable land use, Biodiversity, Cicurlar economy, Plastics, Water, Fracking, Methane,	Podcasts, Webinars, Blogs Cobalt and extractives industry, Clothing and Apprael Supply Chain, Human rights, Modern slavery and labor rights, just transition, Diversity, Decent work,	Tax fairness, Executive pay, Director nominations, Anti-corruption, Whistleblowing, Corporate purpose, Cyber security, Responsible political engagement,

Source: www.unpri.org

ESG를 구성하고 있는 각각의 세부 내용은 국제적으로 아직 표준화되어 있지 않다. 전 세계적으로 600여 개가 넘는 평가기관이 있지만, 동일한 기업에 대한 ESG 평가 결과가 다른 것도 현실이다. 따라서 2021년 12월, 산업통상자원부가 발표한 한국의 'K-ESG 가이드라인' 진단 항목을 기반으로 ESG의 요소에는 어떤 항목이 포함되어 있는지 살펴보았다.

산업통상자원부에서는 기존 국내·외 주요 지표들의 높은 호환성을 바탕으로 기업과 여러 ESG 평가기관 등에게 가이던스 성격으로 제공되는 표준형 지표를 4개 영역, 27개 범주, 총 61개 기본 진단항목(정보공시 5개 문항, 환경 17개 문항, 사회 22개 문항, 지배구조 17개 문항)을 만들어 제시하였다.

(1) 환경 요인

ESG의 세 가지 요인 중에서 첫 번째 환경 요인이 가장 중요하다고 할 수 있다. 혹자는 ESG 하면 환경으로 인식하는 경우가 많은데 사회나 지배구조(거버넌스) 분야에 비해 측정이나 성과지표로 관리하기가 상대적으로 용이하기 때문이다. 반면, 사회나 지배구조(거버넌스)는 환경처럼 성과관리를 위한 지표관리가 용이하지 않은 게 사실이다. 환경 요인은 기업 주변의 자연생태 환경을 뜻하며 환경오염, 기후변화, 탄소배출, 생태계, 폐기물 관리, 에너지 효율 등 여러 사항과 관련이 있다. 산업혁명 이후 화석연료 과다 사용에 따른 온실가스 배출로 지구온난화가 급진행되면서 전 세계 국가와 기업들은 탄소배출량 줄이기에 관심을 갖기 시작했다(Bae et al., 2023).

세계경제포럼(WEF)의 이해관계자 자본주의(Stakeholder Capitalism) 지표에서는 환경 요인을 핵심 이슈로써 온실가스 배출과 생태 민감성, 토지 사용, 물 이용 등을 설명하였다. 한국경제인협회(2023)가 국내 500대 기업을 대상으로 한 'ESG 중요도에 대한 조사' 결과에서도 환경이 가장 중요한 요인으로 전체 중 82%를 차지하는 것으로 나타났다.

모든 기업은 환경을 보호할 의무를 가져야 하며, 지속가능한 발전을 위하여 환경 책임을 이행해야 하고, 환경 책임을 이행하려면 자발적으로 환경 정보를 공시해야 한다(Jaggi & Zhao, 1996). 이는 기업들이 모든 이해관계자에게 자신의 환경보호 노력에 관한 유용한 정보를 널리 제공한다는 의미가 있다. 이에 따라 많은 국가가 환경 정보공시를 중시하고 있다. 최근에는 상당수 기업이 환경오염 등의 문제를 줄이기 위하여 자발적으로 환경보호 규칙이나 제도를 만들기 시작했다. 또한, 기업 유형에 따라 각 기업 상황에 맞는 친환경 정책을 수립하고 대응 방안 모색을 통하여 환경보호 수준을 높이고 있다.

영역	범주	세부 내용
정보공시 (5개 문항)	정보공시 형식	ESG 정보공시 방식, ESG 정보공시 주기, ESG 정보공시 범위
	정보공시 내용	ESG 핵심 이슈 및 KPI
	정보공시 검증	ESG 정보공시 검증
환경 (17개 문항)	환경경영 목표	환경경영 목표 수립, 환경경영 추진체계
	원부자재	원부자재 사용량, 재생 원부자재 비율
	온실가스	온실가스 배출량(Scope 1 & Scope 2), 온실가스 배출량(Scope 3), 온실가스 배출량 검증
	에너지	에너지 사용량, 재생에너지 사용 비율
	용수	용수 사용량, 재사용 용수 비율
	폐기물	폐기물 배출량, 폐기물 재활용 비율
	오염물질	대기오염물질 배출량, 수질 오염물질 배출량
	환경법/규제 위반	환경법/규제 위반
	환경 라벨링	친환경 인증 제품 및 서비스 비율

출처: 한국산업통상자원부

(2) 사회 요인

사회 요인은 사회 또는 사람에게 이익을 주는 활동을 뜻한다. 예컨대, 고객 만족, 지역사회 관계, 데이터 보호, 개인정보 보호, 공급망 관리, 직원 안전 등을 들 수 있다. 결국, 사회 요인은 기업이 얼마나 사회적 책임으로 사회적 의무를 다했는지를 말한다(Bae et al., 2023). 기업의 사회적 책임은 기업이 주주, 직원, 전체 사회 등에 대한 의무를 다하는 것으로 정의할 수 있다(Turban & Greening, 1997).

따라서 기업은 지속가능한 발전을 위해서는 자발적인 사회적 책임 활동을 통해 주주, 직원, 더 나아가 전체 사회 구성원, 즉 이해관계자와의 관계를 잘 유지해야 한다. 기업 관점에서 사회는 통상적인 사회 개념도 있지만 이해관계자 측면에서 본다면 임직원, 고객, 협력 파트너사를 적극 고려해야 한다.

'ESG 공시와 경제, 환경, 사회적 관계 연구'에서는 ESG경영 요인 3가지 중 'ESG 공시와의 영향도'에서 사회적 관계에서 성과가 가장 높게 나타난다고 주장하였다(Alsayegh et al., 2020). 또한, 기업이 봉사 활동, 기부 활동 등의 다양한 사회 활동 참여를 통하여 기업의 명예와 신뢰도를 높일 수 있다는 점에서 기업의 사회 활동은 기업의 미래 발전을 촉진시킬 수 있는 중요한 활동이라 할 수 있다(Surroca et al., 2010).

분류		세부 내용
사회 (22개 문항)	목표	목표 수립 및 공시
	노동	신규 채용 및 고용 유지, 정규직 비율, 자발적 이직률, 교육훈련비, 복리후생비, 결사의 자유 보장
	다양성 및 양성평등	여성 구성원 비율, 여성 급여 비율(평균 급여액 대비), 장애인 고용률
	산업안전	안전보건 추진체계, 산업재해율
	인권	인권정책 수립, 인권 리스크 평가
	동반성장	협력사 ESG 경영, 협력사 ESG 지원, 협력사 ESG 협약사항
	지역사회	전략적 사회공헌, 구성원 봉사 참여
	정보보호	정보보호 시스템 구축, 개인정보 침해 및 구제
	사회법/규제 위반	사회법/규제 위반

출처: 한국산업통산자원부

(3) 지배구조(거버넌스) 요인

지배구조(거버넌스) 요인은 기업의 외부 활동이 아닌 기업의 내부 의사결정과 관련이 있다(Bae et al., 2023). 지배구조는 단어 자체가 다소 낯설 수 있는데 지배구조에 대한 정의는 해당 분야나 관점에 따라 차이가 있을 수 있지만, 사회적 책임에 관한 국제표준인 ISO 26000에서는 지배구조를 "조직이 목표를 추구하는 데 있어 의사결정을 내리고 그 결정을 수행하기 위한 책임과 체계"라 정의하고 있다.

지배구조를 우리말로 표현하기에는 한계가 있어서 한국거버넌스학회에서도 그냥 '거버넌스'로 표현하고 있다. 거버넌스(지배구조)라는 말은 한마디로 전사적 의사결정 시스템으로 이해하면 될 듯싶다. ISO 26000에서는 책임 있는 거버넌스(지배구조) 활동을 1. 사회적 책임을 위한 비전, 전략, 목표 수립 2. 최고 의사결정 기구, 책임자 실행 의지 공개 3. 실무에 통합, 실현될 수 있는 조직, 환경, 문화 구축 4. 사회적 책임 실행에 실제적인 자원 투입 5. 의사결정 시스템(체계), 프로세스 다양성 존중 6. 의사결정 과정에 이해관계 참여 등 6가지로 규정하고 있다.

최헌섭(2011)은 '기업 지배구조와 환경 성과 간의 관계에 관한 연구'에서 지배구조는 주주, 경영자, 채권자 및 기타 이해관계자 간의 대리인 비용 발생을 방지하고 주주 가치를 증대시키기 위한 제도적 장치의 하나로 정의했다. 기업에서 지배구조의 핵심은 이사회와 감사의 역할이다.

기업의 주주와 경영진은 기업의 지배구조가 기업 가치의 결정 요인이기 때문에 윤리경영, 감사기구 등을 통해 투명하고 건전한 경영을 해야 한다. 건전한 지배구조를 가진 기업은 불확실한 상황에 직면했을 때 대응 능력이 더 강하고, 대내·외 위험을 줄일 수 있어서 기업의 손실을 축소하여 성장을 촉진할 수 있는 중요한 요소라 할 수 있다(Conyon & Peck, 1998; Core et al., 1999).

분류		세부 내용
지배구조 (20개 문항)	이사회 구성	이사회 내 ESG 안건 상정, 사외이사 비율, 대표이사 이사회 의장 분리, 이사회 성별 다양성, 사외이사 전문성
	이사회 활동	전체 이사 출석률, 사내이사 출석률, 이사회 산하 위원회, 이사회 안건 처리
	주주 권리	주주총회 소집 공고, 주주총회 개최일, 집중/전자/서면투표제, 배당정책 및 이행
	윤리경영	윤리 규범 위반사항 공시
	감사기구	내부감사부서 설치, 감사기구 전문성(감사기구 내 회계/재무 전문가)
	지배구조법/규제 위반	지배구조법/규제 위반

출처: 한국산업통산자원부

지속가능성

　ESG와 밀접한 관련이 있는 것이 지속가능경영이다. ESG는 어느 날 갑자기 등장한 개념이 아니다. ESG가 부각되면서 새롭게 등장한 개념처럼 느껴질 수 있지만, ESG를 이해하기 이해서는 근원적 개념인 지속가능발전과 관련한 역사적 흐름을 살펴볼 필요가 있다. 지속가능경영은 조직체의 환경적, 사회적, 경제적 책임을 바탕으로 지속가능한 발전을 추구하는 경영 패러다임이라 할 수 있다. 또한, 지속가능경영은 ESG의 보다 근원적인 개념으로, 오늘날 ESG는 지속가능경영과 사회적 책임(CSR)이 진화하고 제도화된 것으로 볼 수 있다. 기업과 사회의 관계, 기업의 책임에 대한 다양한 이해관계자의 기대가 시간의 흐름과 맞물려 변해왔기에 지속가능경영 개념에 대한 이해를 기반으로 ESG를 더욱 용이하게 받아들일 수 있게 되었다.

　지속가능경영은 곧 기업의 지속가능성을 의미하며 기업이 이윤을 바탕으로 미래에도 지속적으로 경영 활동을 이어간다는 것을 뜻한다. 일반적으로 기업의 지속가능성은 재무적 성과에 초점이 맞춰져 있다. 매출액과 이익 같은 재무적 성과를 측정하여 기업의 지속가능성 여부를 판단하고 있다. 즉, 경영 활동의 결과를 뜻하는 재무적 성과로 지속가능성을 예측하고 있다.

하지만 최근에는 지속가능성 평가를 재무적 성과 중심에서 비재무적 성과로 관심이 증가하고 있다. 이는 기업이 경영 활동 전반에 걸쳐 결과보다는 과정의 중요성에 대한 인식의 변화라 할 수 있다(이정기·이재혁, 2020). 지속가능성을 위해 노력하는 기업이 중·장기적으로 이익을 창출한다는 공감대가 폭넓게 형성되는 과정이라 할 수 있다.

지속가능발전 또는 지속가능성의 개념은 이제는 경제, 사회, 환경 분야에만 국한되지 않고, 어디에서나 사용할 수 있는 일종의 유행어처럼 되어버렸다. 그러나 이 개념이 언제 처음 등장하였고, 어떤 의미를 함의하고 있는지에 대해서는 의견이 분분하다.

지속가능성 개념의 역사를 논의할 때 많은 연구자는 '성장의 한계(The Limits to Growth)'가 발표되었던 1972년을 기점으로 삼고 있으나, 독일어권 연구자들은 18세기 초(1713년) 한스 칼 폰 칼로비츠(Hans Carl von Carlowitz)라는 독일 학자의 저서인《산림 경제학(Sylvicultura Oeconomica)》까지 거슬러 올라간다. 그는 최초로 산림 분야의 지속가능성 개념을 명확하게 공식화한 사람으로서 자신의 저서를 통해 '숲을 가꾸고(pfleglich)', '지속성장(nachhaltig)'을 해야 한다는 개념을 언급하였다. 즉, 숲의 지속가능성을 위해서는 "적어도 나무가 자라는 속도보다는 천천히 벌목해야 한다"라는 인식의 지속가능성 정책에서 지속가능성의 근원을 찾기도 한다.

한스 칼 폰 칼로비츠의 《산림 경제학》

미국의 해양생물학자 레이첼 카슨(Rachel Carson)은 1962년에 발간한 자신의 저서 《침묵의 봄(Silent Spring)》에서 농약 살충제가 다른 동물과 인간에 미치는 부정적 영향을 고발하며 지속가능성의 이슈를 만들었다.

레이첼 카슨의 《침묵의 봄》

이와는 별도로 지속가능성이 전 세계적인 관심사로 떠오르게 된 것은 앞서 언급한 1972년, 로마클럽*의 연구보고서인 〈성장의 한계(The Limits

---

* 1968년, 세계 각국의 지식인들이 과학 기술의 진보와 이에 따르는 인류의 위기를 분석하여 그 대책을 세우는 것을 목적으로 하는 국제적인 민간단체

to Growth)〉에서 비롯하였다. 인구 증가와 경제 성장으로 인한 지구 환경 파괴를 다룬 로마클럽의 〈성장의 한계〉 보고서에서 처음으로 지속가능성 문제를 제기했다(Meadows, 1972). MIT 공학자 4명은 "지금과 같은 속도로 인류의 삶이 계속되면 2030년 인류는 성장을 멈추고, 소멸의 길을 갈 것이다"라는 메시지가 해당 보고서의 핵심이다.

로마클럽의 〈성장의 한계〉

이 보고서는 UN 또는 지속가능경영을 연구하고, 정책을 입안하는 많은 사람에게 영향을 미쳤다. 특히, 이 보고서는 유엔인간환경회의(UN Conference on the Human Environment)가 유엔환경계획(United Nations Environment Programme, UNEP)을 출범시키고, "공기, 물, 토양, 동식물과 같은 이 지구상의 자연환경은 적절하고 주의 깊게 현재와 미래 세대를 위하여 보호되어야 한다"라는 '인간환경선언'을 하게 되는 계기가 되었고, UN에서도 지속가능성에 관심을 두기 시작하였다.

2002년은 〈성장의 한계〉 보고서가 발간된 지 30년이 된 해였는데 당시 "인류가 서서히 소멸의 길로 접어들 것이다"라는 예측이 틀리기를 기대하였지만, 검증해 보니 실제로는 93% 이상이 일치하는 것으로 조사되어 충격을 주었다. 결국, 지금처럼 인구는 늘어나고 자원을 마음대로 사용하고, 환경오염이 심화된다면 2030년이 될 때 인류는 성장을 멈추고 소멸의 길로 서서히 접어들 것이라는 30년 전 예측대로 지구의 운명은 비관적일 수밖에 없는 국면이다.

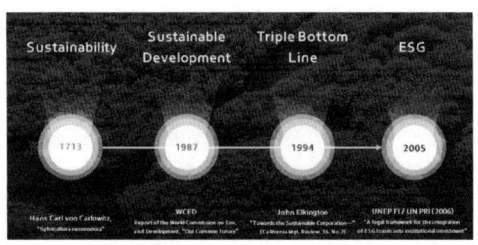

출처: 김앤장 ESG경영연구소

현재 가장 널리 통용되고 있는 지속가능성의 개념은 1987년 UN의 〈우리 공동의 미래(Our Common Future 혹은 Brundtland Report)〉라는 보고서를 근간으로 하고 있다. 이후 기업의 사회적 책임(CSR)과 공유가치창출(CSV) 개념이 제시되며, ESG가 뉴 패러다임으로 자리매김하고 있다.

지속가능경영 개념의 역사, 출처: KRX ESG 포털

지속가능성을 설명한 사람으로는 영국의 기업가이자 저술가인 존 엘킹턴(John Elkington)이 있다. 그는 1994년에 TBL(Triple Bottom Line)을 처음 제시하고, 지속가능성을 체계화했다. 또한, "비즈니스 리더들이 기업의 이익에만 집중하는 것을 멈추고, 지구의 건강과 사람들의 삶을 개선해야 한다"고 주장했다. 그리고 지속가능목표의 성공과 실패는 이익의 관점만이 아닌 "지구의 건강과 웰빙으로 측정돼야 한다"고 강조하였다.

TBL은 이익(Profit), 사람(People), 지구(Planet)를 뜻하고 지속가능성장의 3대 기초를 말하며 '3P'라 지칭하기도 한다. 이익은 경제적 지표를 의미하고, 사람은 사회적 지표, 지구는 환경적 지표라 할 수 있다. 즉, 3가지 관점에서 기업을 평가하려는 시도라 할 수 있다.

존 엘킹턴의 TBL. 출처: cascadiaupdates.wordpress.com

TBL의 특징은 기존의 경영 활동에 지속가능발전이라는 새로운 개념을 추가해, 경제 발전과 환경 보전이 서로 상충하는 게 아니라 서로 조화를 이루어 발전한다는 신경영 패러다임을 제시했다는 데 큰 의의가 있다. TBL에서 기업은 지속적인 생산 활동으로 이윤을 창출해 경제적 책임을 다하고, 아울러 사회 구성원의 인권과 안전을 지켜 사회적 책무를 다해야 하며, 기업 외부의 생태적 환경에 책임을 갖고 환경 지속성까지 고려해야 한다고 강조하고 있다.

2018년, 〈하버드 비즈니스 리뷰〉에서 존 엘킹턴은 지금의 비즈니스 환경에서는 기업의 가치 창출을 위해 25년 전 자신이 강조한 TBL 개념이 그의 의도와는 달리 기업들에 의해 오용되고 있음을 밝히고, 기업들은 재무적 기준에만 의존해서 성장해서는 안 되며 구성 요인인 경제(Economic), 사회(Social), 환경(Environmental) 등 다양한 요소들을 바탕으로 다시금 되돌아봐야 한다고 강조하였다(Elkington, 2018).

25 Years Ago I Coined the Phrase "Triple Bottom Line." Here's Why It's Time to Rethink It.
by John Elkington
June 25, 2018

존 엘킹턴의 TBL을 기점으로, 기업이 이윤 중심의 경영에서 지속가능경영으로 바뀌어야 하고, 주주에 대한 책임 못지않게 사회적 책임과 환경적 책임도 중요하다는 목소리가 커지는 계기가 되었다. 또한, 존 엘킹턴은 2020년 4월에 출간된 저서 《그린 스완: 재생자본주의의 새로운 붐》을 통해 TBL을 더욱 강하게 추진해 나가겠다는 뜻을 밝힌 바 있다.

결국, 기업이 ESG경영을 한다는 것은 지속가능성을 추구한다는 것을 의미하고, 지속가능성을 추구한다는 것은 장기적으로 그 기업이 지속가능한 성장과 이익을 도모한다는 것을 의미하는 것이라 할 수 있다. 유엔환경계획(UNEP)에서는 지속가능성을 자연이 허용하는 한계 범위를 고려하여 인간의 삶의 질을 향상시키는 것으로 정의하였다.

1979년에는 지속가능경영의 이론적 배경이 등장하게 된다. 프랑스 경제학자인 르네 파세는 《Economic Systems and Living Systems》이라는 저서에서 "경제(기업) 시스템은 사회 시스템 안에 있고, 사회 시스템은 환경(생명) 시스템 안에 있기 때문에 경제(기업)가 안정적으로 지속되기 위해서는 경제, 사회, 환경의 세 가지 시스템이 조화롭게 상호작용을 해야 한다"라는 논리를 주장하였다.

르네 파세의 생태 경제학의 동심원 모델

르네 파세의 이러한 주장은 ESG경영에 큰 영향을 미치고 있으며, 지속가능발전을 경제, 사회, 환경이라는 범주로 설명하였다. 그의 '생태 경제학 동심원 모델'은 오늘날 많은 투자자와 기업에게 지속가능성과 경제의 안정적 발전을 위해서는 환경, 사회, 지배구조를 균형 있게 추진해야 하며 결국 이것이 지속가능경영의 핵심임을 인식하게 하는 계기가 되었다.

앞서 언급한 바와 같이 ESG 개념을 포함하는 지속가능성에 대한 논의는 1987년 유엔환경계획(UN Environment Program, UNEP)과 세계환경개발위원회(World Commission on Environment and Development, WCED)가 공동으로 채택한 〈우리 공동의 미래(Our Common Future)〉 일명 〈브룬트란트 보고서(Brundtland Report)〉에서 지속가능한 발전(Sustainable Development)이라는 개념이 처음으로 제시되었다.

이 보고서에서 "인류 모두는 지속가능한 발전에 기여해야 한다", "지속가능한 발전이란 미래세대의 필요를 충족시킬 수 있는 능력을 저해하지 않으면서 현세대의 요구를 충족시키는 발전(Meets the needs of the present without compromising the ability of future generations to meet their own needs)"이라고 정의하였다. 〈브룬트란트 보고서〉의 목적은 지속가능한 발전을 정의하고 이를 탐색하던 여러 주권 국가에게 다양한 트렌드를 안내하는 것이었다. 또한, 인류가 빈곤과 인구 증가, 지구온난화와 기후위기, 환경파괴 등의 위기에서 경제를 발전시키기 위해서는 지속가능발전으로의 패러다임 전환이 필요하다는 의견을 제시하였다.

이처럼 UN에서 처음으로 지속가능발전의 개념을 제시했고, 이것이 지속가능경영과 ESG의 궁극적인 지향점이 되었다. 기업이 비즈니스를 하면서 환경과 사회를 망가뜨리지 않으면서 지속가능한 발전에 기여할 수 있도록 하는 것이 ESG의 궁극적인 목적이다.

그렇다면 지속가능한 발전이라는 것은 누구를 위한 것일까? 이 질문에 대한 답은 바로 '지구와 인류사회'를 위한 것이라 할 수 있다. 이러한 지구와 인류사회의 지속가능성을 위해서 기업은 환경적, 사회적, 경제적 측면에서 지속가능성을 추구해야 한다는 개념이 만들어진다. 이것이 앞서 언급한 존 엘킹턴의 TBL 탄생 배경이라 할 수 있다.

Schaltegger & Hörisch(2017)은 경영 분야에 있어 지속가능성을 지속가능경영이라 하여 사회적, 환경적 차원에서 부정적인 영향을 줄이고 지속가능한 발전에 기여하는 것을 목표로 하는 경영 활동이라고 정의하였다. 다우존스 지속가능경영지수(Dow Jones Sustainability Indices)는 지속가능경영을 환경적, 사회적, 경제적 발전을 통해 관련된 리스크를 관리하는 비즈니스 접근법으로 보고 있다. 지속가능성이 큰 기업과 낮은 기업 간 재무 실적에서도 차이가 나타났다. 예컨대, 지속가능성이 큰 기업의 수익률은 그렇지 않은 기업들보다 평균 4.8% 높은 것으로 조사됐다(Eccles et al. 2012).

결국, 지속가능경영이라는 것은 기업이 망하지 않고 영원히 기업을 존속하게 한다는 개념도 있지만, 본질은 기업이 기업 자체의 지속가능성과 동시에 지구환경, 사회공동체의 지속가능성도 향상시키는 의사결정을 하는 기업경영을 의미한다고 할 수 있다. 따라서 지속가능경영의 목적은 인류의 지속가능한 발전, 즉 인류가 멸망하지 않고, 앞으로도 계속 행복하게 잘 살 수 있는 환경을 만드는 것이라 할 수 있다.

ESG 연구의 주요 키워드

　ESG 연구의 역사는 2010년대 초부터 시작되었다. 2010년대 연구는 2013년, Galbreath는 〈ESG 제도와 기업의 ESG 관계 연구〉를 통해 제도가 기업의 ESG 촉진에 영향을 주는 것을 설명하였다. Tarmuji et al.(2016)는 〈환경, 사회공헌, 지배구조와 경제적 성과에 미치는 영향 연구〉에서 ESG가 국가의 경제적 성과에 어떤 영향을 주는지 증명하였다. 이렇듯 2010년대 ESG 연구는 제도와 경제 성과 등 ESG가 꼭 필요한지에 관한 초점의 연구가 주를 이루었다.

　2020년대부터는 ESG 연구가 다양한 주제로 발표되었다. 특히 브랜드와 소비자의 관점에서 어떤 영향을 주는지와 ESG경영 활동을 통해 기업이 어떤 것을 얻을지에 관한 연구가 주목을 받았다. Koh(2022)는 〈인지된 ESG와 소비자 반응 연구〉에서 사회공헌과 지배구조가 유의미한 결과를 보였고, Tripopsakul & Puriwat(2022)의 〈ESG가 브랜드 신뢰와 고객 참여에 미치는 영향 연구〉에서는 환경, 사회공헌, 지배구조 모두에서 유의미한 결과를 보였다. Bae et al.(2023)는 〈ESG가 식음료 기업의 브랜드 신뢰도와 입소문에 미치는 영향 연구〉에서 ESG 3가지 요인 중

환경과 사회공헌에서 브랜드 신뢰도가 유의미하다는 결과를 보였다.

Puriwat & Tripopsakul(2022)는 〈디지털 환경의 ESG 연구〉를 발표하였고, Lee & Rhee(2023)는 〈기업 ESG 관리와 소비자의 브랜드 선택 연구〉를 공개 발표하였다. Puriwat & Tripopsakul(2022)는 디지털 환경에서 ESG경영의 3가지 요인 모두 소비자 태도와 브랜드 자산에 긍정적인 영향을 미친다고 설명했다. Lee & Rhee(2023)는 환경은 브랜드 이미지에 긍정적인 영향을 미치고, 사회공헌과 지배구조는 브랜드 태도와 애착에 영향을 미친다고 입증하였다. 최근 ESG 연구는 브랜드 신뢰를 넘어 다양한 환경과 요인에 관심을 갖기 시작했다.

김영길(2023)은 〈ESG가 장기 경영 성과에 미치는 영향 연구〉에서 ESG 통합 등급은 24개월부터 60개월까지의 누적 경영 성과에 대해 각각 유의한 양(+)의 상관관계를 실증 분석하였다. ESG 세부 지표별로 분석한 결과, 사회적 책임과 지배구조에서 등급이 높을수록 경영 성과가 향상되는 것으로 나타났지만, 환경 등급은 유의한 상관관계를 보고하지 못하였다. 또한, 실증 결과를 통해 ESG가 기업의 수익성에 긍정적인 영향을 미친다는 것을 입증하였다.

서용구 외(2022)는 〈유통 산업의 ESG 전략과 사례〉에서 국내·외 유통 4개 기업, 월마트, 아마존, 이마트, 쿠팡을 대상으로 한 기업보고서와 홈페이지 및 인터뷰 내용을 바탕으로 ESG 전략과 사례를 분석하였다. 분석 결과, 유통기업은 소비자와 직접적으로 맞닿아 있는 환경 분야 관련 활동에 좀 더 적극적이며, 사회적 책임 분야에서는 최근의 유통산업의 비즈니스 변화에 따른 양적 성장의 성과와 비교할 때 인권 문제 등 질적 성장의 성과 측면은 다소 미흡했고, 지배구조 분야는 온·오프라인에 따른 대응과 실천 사항이 서로 상이한 것으로 나타났다.

 # 유사한 개념들
(CSR, CSV)

(1) CSR(Corporate Social Responsibility)

CSR은 평판 리스크 대응을 위한 기업의 사회적 책임으로 이익과 무관한 사회 활동이다. 1930년대 미국에서 기업윤리로 논의되어 오던 것을 오늘날의 CSR 개념으로 정리한 미국의 경제학자 Howard Bowen은 〈사업가의 사회적 책임〉에서 "오늘날의 기업은 사회적 권력의 중심이며, 기업은 다양한 방식으로 일반대중의 삶에 영향을 미친다"고 하였다. 또한, "우리 사회의 목적과 가치를 위해 바람직한 의사결정 및 원칙을 지키는 것이 기업인의 의무"라고 정의하면서 학문의 한 분야로 논의되기 시작하였다(김사엽, 2016).

주주만이 아닌 종업원, 고객, 거래처, 지역사회 등 이해관계자를 고려한 사회적 책임을 다하기 위한 활동을 경영에 반영한 것이다. 시장을 공생의 생태계로 인식하는 자본주의 4.0이 등장하면서 '지속가능경영'과 함께 기업들의 성숙한 윤리 의식에 대한 기대감도 높아졌다. 2010년, CSR의 세부 실행 지침으로 국제표준화기구(ISO)는 '사회적 책임에 대한 지침으로 조직이 지속가능한 발전에 기여하도록 돕는 것을 목적으로 하는 'ISO 26000'을 국제표준으로 개발하였다. ISO 26000은 사회적 책임을 조직, 인권, 노동 관행, 환경, 공정한 운영, 소비자 문제, 지역공동체 참여와 발전의 7개 핵심 주제로 규정하고 있는 UN 글로벌 콤팩트와 밀접한 관련이 있는 'To do 리스트'로써 최근 ESG경영을 실행하기 위한 기본적인 글로벌 가이드라인으로 활용되고 있다.

따라서 ESG는 CSR의 세부 실행 지침인 ISO 26000에서 보듯, CSR에 그 뿌리를 두고 있다 할 수 있다. CSR과 ESG는 기업의 사회와 환경을 위한 노력과 끊임없는 이해관계자들과의 소통으로 지속가능경영을 가능하게 한다는 것과 CSR의 전략적 실천으로 기업 경쟁력을 끌어올릴 수 있다는 점에서 유사하다고 할 수 있다(조대형, 2021; Ben-Amar et al., 2017).

(2) CSV(Creating Shared Value)

CSV는 CSR에서 한 단계 더 진화한 개념으로 하버드대 경영학과 마이클 포터(Michael Porter) 교수가 2011년 〈하버드 비즈니스 리뷰〉에서 개념을 발표하였다. "CSR은 전략적이지 않았고 캠페인에 불과한 사회적 관심을 다른 곳으로 돌리는 미끼"라고 혹평했으며, 그 대안으로 CSV를 제시했다(이종재, 2021). 또한, CSV는 기업의 궁극적 목적인 경제적 수익과 사회적 가치를 동시에 창출하는 공유가치 창출의 경영전략이라 할 수 있다(최재천 외, 2021).

경영의 대가 Philip Kotler는 "소비자의 이성에 호소하던 마켓 1.0 시대와 감성 공감에 호소하던 2.0의 시대에서, 소비자의 영혼에 호소하는 마켓 3.0의 시대가 도래하였다"라고 주장하면서 CSV에 기반한 미래 시장의 경영전략을 제안하였다. 이 영향으로 한때 많은 기업이 CSR팀에서 CSV팀으로 바꾸기도 하였다. CSV는 기업의 핵심역량을 통해 사회적 책임을 이행하는 것이 기업의 성과로 연결되며, 경제성 측면에서 ESG와 유사하다고 할 수 있다. 이런 CSV의 발상은 2015년 발표된 UN SDGs로 이어졌다(서용구·이현이·정연승, 2022).

구분		CSR	CSV	ESG
확산		1953년	2011년	2020년
주장		Howard Bowen	Michael Poter Philip Kotler	블랙록(BlackRock)의 Larry Pink
개념		기업의 사회적 책임 (선한 기업/평판 관리)	사회와 기업 공유가치창출(현명한 기업)	환경, 사회, 지배구조에 관한 비재무적요소(건강한 기업)
관점		기업(이해관계자)	기업(지역)	투자자
동향	해외	다층적 차원에서 논의, 현실적으로 사회공헌활동	CSR과 차이점 없어 크게 지지받지 못함	2006년부터 단계적 확산
	국내	기업 고유목적사업과 별도 사회공헌활동으로 인식(부가적인 임무)	CSR과 다른 혁신적 개념으로서 CSV가 논의됨	새로운 개념, 2025년부터 자산 2조원 이상 상장사 공시 의무화→2030년 모든 코스피 상장사 확대
특징		• 실제 기업의 수익 추구와 무관한 활동이 대부분 • 보고양식: GRI • 실행 지침:ISO26000 • 실제 기업을 위한 행동, 사회적 문제 미해결	• 기업의 신규사업 아이템 발굴 등 전략 수립모델로 활용 • 경제적 수익과 사회적 가치 동시 추구 • CSV의 성공: 진정성	• ESG 지표의 수립, 평가, 데이터 제공 글로벌 평가기관 존재 • 지속가능경영 차원(중대성 평가 초점) • 보고기준:SASB, TCFD
진행		기업의 사회적 책임(CSR)은 사회적 가치 실현과 수익도 낼 수 있는 '공유가치창출(CSV)'로 진전되고, 기업의 사회적 가치구현활동 모두 ESG로 수렴되어 투자가 몰리는 '지속가능(Sustainable)'경제로 진화		

출처: 외식기업의 ESG경영이 기업명성, 기업신뢰, 행동의도에 미치는 영향(윤경만, 2023)

한마디로 CSR은 기업의 이미지와 평판 관점, CSV는 기업의 사회적 관점, ESG는 투자자, 신용평가사, 국가, 고객(소비자) 등 다양한 이해관계자 관점에서의 비재무적 경영 활동으로, 개념과 범주, 관점에서 명확하게 구분되며, ESG는 '지속가능성'이란 측면에서 전 세계적으로 규제화, 법제화되고 의무화되는 개념이라 할 수 있다.

 # 그린 택소노미

   2020년까지 15년간의 교토의정서(Kyoto protocol) 체제를 대체하는 파리기후변화협약(파리협정)은 '지구 평균기온 상승 폭을 산업화 이전 대비 2℃ 이내 억제, 1.5℃ 이하 노력'이라는 공동의 목표하에 196개 국가의 비준으로 체결되었다. 기존 선진국에만 온실가스 감축 의무를 부여했던 교토의정서와는 달리 파리기후변화협약은 전 세계가 동참하는 범지구적 협약이다.

   유엔기후변화협약(United Nations Framework Convention on Climate Change, UNFCCC)은 파리기후변화협약의 모든 당사국에게 2050년까지 친환경 정책 방향에 대한 장기 비전을 제시하는 장기 저탄소 발전전략(Long-term low greenhouse gasEmission Development Strategy, LEDS) 수립을 요청, 현재까지 우리나라를 비롯하여 총 57개국이 제출을 완료하였고, 139개국이 탄소중립을 선언하였다.

   금융기관이 투자 의사결정에 ESG를 고려토록 하는 ESG 금융의 판단 기준은 무엇일까? ESG 금융을 추진하기 위해서는 특정 경제 활동이

ESG에서 추구하는 지속가능성 여부를 충족하는지를 판단할 수 있는 기준이 필요하다. '무엇이 친환경이고, 녹색이며', '무엇이 지속가능성을 지닌 ESG 금융 활동의 대상인지', 바로 이 판단 기준을 제시한 것이 EU 그린 택소노미(Green Taxonomy, 친환경 분류체계)다.

EU 집행위원회는 탄소중립을 달성하려면 환경적으로 지속가능한 사업과 활동에 민간 투자를 더 많이 유도하는 것이 필수라고 판단한 바 기후·환경목표에 맞는 민간 투자 목적의 경제 활동이 구체적으로 무엇인지에 대한 기준과 조건을 규정하였다. 전 세계적으로 친환경이 중요가치로 부상하면서 지속가능한 경제 활동의 범위를 정하기 위해 유럽연합(EU)에서는 2020년 6월, 그린 택소노미를 도입하였다(한국가스기술공사).

택소노미는 '분류하다'라는 뜻의 그리스어 'tassein'과 '법·과학'을 의미하는 'nomos'의 합성어다. 따라서 그린 택소노미는 녹색산업을 뜻하는 '그린'과 분류학을 의미하는 '택소노미'의 합성어로 '환경적으로 지속가능한 경제 활동'을 정의하고 판별하는 수단을 의미한다. 즉, 어떤 산업 분야가 친환경 산업인지를 공식적으로 분류하는 기준과 체계로써 녹색 투자를 받을 수 있는 산업의 여부를 판별하는 기준으로 활용한다.

2021년 12월, EU집행위원회는 방사능 폐기물을 안전하게 처리할 계획 수립과 자금 및 부지가 충족된다면 친환경으로 분류할 수 있다는 내용을 포함시켰다. 2022년 2월에는 그린 택소노미에 천연가스와 원전에 대한 투자를 포함하겠다고 발표했고, 7월에는 EU 그린 택소노미에 포함하는 것으로 EU의회가 최종 의결, 확정하였다. 신규 원전은 2045년 전에 건설 허가를 받고, 2050년까지 방사능 폐기물을 안전하게 처분할 수 있는 국가에 원전이 지어져야 한다는 전제조건이 포함되어 있다.

출처: 한국에너지정보문화재단

그린 택소노미 도입이 필요한 이유는 첫째, 산업분류와 명확한 가이드라인을 제공하여 기후 문제 해결에 기여하는지를 판단하는 데 도움을 주고 둘째, 친환경 산업에 대한 투자 촉진을 통해 친환경 산업 분야에 더 많은 투자가 이루어져 친환경 경제가 성장하고, 환경 문제가 개선될 수 있고 셋째, 환경친화적이거나 사회적 책임을 다하는 기업인 척하는 '그린 워싱(Green washing, 위장 환경주의)'을 방지하고 넷째, ESG 정보공개 투명화를 통해 해당 기업에 대한 투자자들의 합리적 의사결정을 하게 하며 마지막으로 지속가능한 경제와 환경 보호를 촉진하기 위함이다.

유럽연합(EU)의 그린 택소노미 6대 환경목표는 ① 기후변화 완화 ②

기후변화 적응 ③ 수자원의 지속가능한 이용 및 보호 ④ 순환경제로의 전환 ⑤ 오염 방지 및 관리 ⑥ 생물 다양성과 생태계 보호 및 복원이다 (EU집행위원회).

2021년 12월, 우리나라 정부에서도 한국형 녹색분류체계(K-택소노미 가이드라인) 초안을 발표하였다. 친환경 경제 활동에 대한 명확한 원칙과 기준을 제시하는 것으로써 6대 환경목표와 총 69개 세부 경제 활동(녹색부문 64개, 전환부문 5개)으로 구성하고, 재생에너지와 원전의 조화로운 활용을 통해 2050 탄소중립 달성을 목표로 하고 있다. 다만, 액화천연가스(LNG)는 한시적으로 녹색경제 활동으로 분류하되 사용 후 핵연료 이슈가 있는 원자력은 판단을 보류하기로 했다. 이후 추가 의견 수렴과정을 통해 최종안을 확정하고, 2022년 12월 23일 개정 가이드라인을 발표하면서 K-택소노미는 2023년부터 본격적으로 시행되고 있다.

특히, 최근 그린 워싱 리스크에 대한 우려가 커지면서, 경제 활동 및 기업에 대한 친환경성 판별 및 녹색 자금 조달 과정에 택소노미 적용이 더욱 확대될 것으로 전문가들은 전망하고 있다.

그린 뉴딜

'뉴딜'은 1929년 미국의 루스벨트 대통령이 1929년 대공항에서 벗어나기 위해 추진했던 정책을 말한다. '그린 뉴딜'은 토머스 프리드먼이 2008년 자신의 저서 《코드 그린》에서 처음 언급한 것으로 알려져 있는데, 친환경적이고 재생 가능한 에너지 및 기술로 관련 산업의 육성과 인프라 구축을 통해 일자리 창출, 경제 발전을 추구하는 방식으로써 지속 가능한 경제를 추구하며 기후변화 문제에 대응하는 것을 목표로 하고 있다.

(1) 미국의 그린 뉴딜

그린 뉴딜은 2008년, 당시 미국의 대선 후보였던 오바마가 금융위기를 해결하기 위해 대선 핵심공약으로 가장 먼저 내세웠고, 1,500억 달러를 태양광과 풍력 등 신재생에너지 기술 개발에 투자해 500만 개의 일자리를 창출하겠다는 것이었다. 이듬해 2009년에는 유엔환경계획(UNEP)에서 〈글로벌 그린 뉴딜〉이라는 보고서를 발표하기도 했다.

공화당의 트럼프가 대통령으로 당선되면서 트럼프는 파리기후변화협약을 탈퇴하는 등 오바마의 친환경 정책과는 반대의 행보를 보였으나 민주당의 조 바이든이 대통령에 취임하면서 더 강력한 친환경 정책(그린 뉴딜)을 추진하겠다고 발표하였다.

예컨대, 첫 행정명령으로 파리기후변화협약 재가입, 2030년까지 온실가스 감축 50~52% 상향 조정, 2035년까지 그린 뉴딜에 1.7조 달러 투자, 친환경 자동차, 재생에너지, 스마트시티 및 그린시티를 위한 정책 방향 공개, 2050년까지 청정에너지 구축과 탄소 순배출량 제로(탄소중립) 목표, 일자리 1,000만 개 창출 추진 등이다.

2021년 4월 22일, 조 바이든 대통령은 기후정상회의에서 탄소배출 감축 목표를 상향 조정하였다. 예컨대, 오바마 정부의 2005년 대비 2025년까지 27%의 탄소배출 감축 목표를, 2030년까지 50% 이상 감축하겠다고 목표를 수정 제시하는 등 미국의 기후변화 대응 의지를 강력하게 표명함과 동시에 지구촌 미래를 향해 행동하자고 전 세계 국가에게 호소하였다. 이에 당시 우리나라 정부도 온실가스 감축과 석탄 사용을 줄이는 데 동참하겠다는 뜻을 밝힌 바 있다.

(2) 유럽연합의 그린 뉴딜

유럽연합(EU, 27개국)은 교토의정서와 파리기후변화협약을 이행하기 위해 온실가스 감축 목표와 같은 환경친화적 정책을 지속적으로 추진해 왔다. 유럽연합의 그린 뉴딜 정책은 2019년, '유럽 그린 딜'을 발표하면서 시작되었다. 궁극적인 목표는 2050년까지 전 세계 최초의 탄소중립 대륙 만들기였다. 예컨대, 화석연료를 신재생에너지로 전환하여 2050년까지 온실가스 배출량을 '제로(ZERO)'로 감축하겠다는 계획이다. 단기적으로는 2030년까지 온실가스 배출량을 1990년 대비 55%까지 감축(당초에는 40% 감축이 목표였으나, 2021년 4월 기후정상회의에서 목표 상향 조정)하는 것이다. 유럽연합은 온실가스 배출량을 1990년 대비 24% 감축하는 데 성공한 경험을 가지고 있다.

또한, 신재생 산업의 육성, 일자리 창출, 경제적 문제 해결을 통해 경쟁력을 확보하는 정책도 동시에 포함되어 있다. 즉, 에너지, 산업 및 순환경제, 건축, 수송 등 4개 분야의 정책을 제시하였다.

분야	주요 내용
에너지	· 화석연료 사용 감축, 재생에너지(풍력, 태양광) 비율 확대
산업 및 순환경제	· 생산단계부터 재활용 가능한 제품 생산 · 에너지 소비량과 탄소배출량 감축
건축	· 저에너지 및 제로에너지 건축 유도 · 고효율 단열재와 친환경 자재 사용, 친환경 인증제도 도입
수송	· 내연기관 자동차 판매 금지 · 육상화물 운송 고효율의 철도, 해상 운하로 전환 · 2050년까지 탄소배출량 90% 감축

이밖에 유럽연합은 재원 확보를 위해 환경세 신설, 고탄소배출 기업에게는 페널티 제공, 탄소배출 저감을 위한 기술 혁신에 투자하고 그린

딜 정책에 참여하지 않는 국가는 기존 보조금의 50%를 삭감하는 정책을 시행하기도 하였다.

(3) 한국판 그린 뉴딜 정책

문재인 정부 시절, 우리나라도 전 세계 흐름에 맞추어 '한국판 뉴딜 정책'을 2020년 7월에 처음 발표했고, 2021년 7월, 한국판 뉴딜 2.0을 발표하였다. 한국판 그린 뉴딜 정책은 디지털 뉴딜과 그린 뉴딜, 안전망 강화로 구성되어 있다.

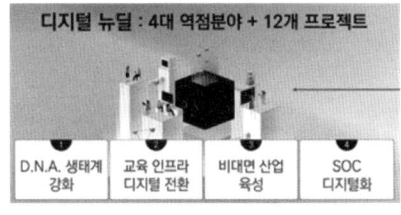

출처: 기획재정부(2020년)

한국의 그린 뉴딜 정책은 기후변화에 대응하고, 최악의 경기 침체 상황에서 위기를 극복하며 글로벌 경제를 선도하기 위한 국가 발전전략이라 할 수 있다. 정부 부처 대부분이 참여해 만든 종합 경제 개발 계획이다. 한마디로 온실가스를 감축하고 재생에너지 산업을 육성 확대하여 녹색 경제로의 전환을 추진하는 것을 목표로 한다. 대표적인 과제는 '그린 리모델링', '그린 에너지', '친환경 미래 모빌리티'이다.

과제	주요 내용
그린 리모델링	· 태양광 설치, 친환경 단열재 교체 → 민간 건물의 에너지 성능 강화
그린 에너지	· 신재생에너지 산업 생태계 육성(태양광, 풍력 등) → 대규모 연구 개발, 실증 사업 및 설비 보급 확대에 투자
친환경 미래 모빌리티	· 전기 수소 자동차 보급 및 노후 경유차와 선박의 친환경 가속화 투자 → 온실가스 및 미세먼지 감축과 글로벌 미래 자동차 시장 선점 · 도시 훼손지와 국립공원 생태복원 → 완전한 국토 생태계 조성

ESG 급부상 배경

　ESG가 전 세계적인 관심을 받게 된 것은 2019년 무렵이라 할 수 있다. 우리나라는 글로벌 시장보다는 늦은 2020년부터 관심이 폭발적으로 증가하기 시작하였다. 시장에서는 ESG가 급부상한 배경을 크게 4가지로 보는 게 지배적이다.

　먼저 전 세계에 가장 큰 자산운용사인 블랙록의 래리 핑크 회장이다. 그는 기업의 존재 이유를 '사회적 가치 창출'이라고 했으며, 2019년에는 기업이 사회적 문제를 해결하는 데 주도적 역할을 해야 하며, 사회적 목적이 분명한 기업일수록 장기적으로 더 높은 이익을 창출할 수 있다고 강조하였다. 2020년 연례 서한에서는 "기후위기와 지속가능성이 투자 의사결정의 가장 중요한 아젠다"이며 "ESG를 고려하는 투자 방식이 향후 블랙록의 가장 핵심적인 투자 모델이 될 것"이라고 강조했는데 이것이 ESG가 전 세계적으로 폭발적인 관심을 갖는 계기가 되었다. 따라서 래리 핑크 회장의 2020년 연례 서한이 전 세계적으로 많은 기업에게 ESG경영에 관심을 갖게 하는 동인이 되었다고 할 수 있다.

블랙록의 래리 핑크 회장

그렇다면 UN과 블랙록은 왜 ESG를 중요하게 생각하고 있는 것일까? 지구온난화와 환경 문제, 자본주의가 발전하면서 부작용으로 나타난 부의 편중과 이로 인한 사회적 불평등과 갈등이 고조되면서 이런 것들이 산업, 경제, 사회, 환경적으로 인류의 미래는 과연 괜찮은 것일까 하는 지속가능성에 대한 의구심을 갖게 했고, 이것을 해결하는 대안이 바로 ESG라 생각한 것이다.

두 번째로 ESG가 본격적으로 부상하게 된 계기는 2019년 8월에 있었던 BRT(Business Roundtable) 선언이다. BRT는 우리나라의 한국경제인협회와 같은 성격의 미국 내 200대 대기업군의 협의체로, 애플, 아마존, 월마트, 블랙록과 같은 미국에서 가장 영향력이 있는 기업의 CEO가 참여하는 연례 회의이다. 2019년 회의에서 글로벌 비즈니스 리더들은 기업의 전통적 목적인 주주 이익의 극대화 원칙(주주 자본주의)을 폐지하고 모든 이해관계자의 가치가 통합(이해관계자 자본주의)된 새로운 기업의 목표(Purpose of a Corporation)를 선언했다. 이는 기업이 주주이익 중심에서 기업과 관련된 모든 이해관계자와 공존공영하는 것을 경영목표로 한다는 개념이라 할 수 있다.

세 번째로 찾아볼 수 있는 것은 미국 공화당의 트럼프 대통령이 탈퇴했던 파리기후변화협약(파리협정)에 민주당의 조 바이든이 대통령으로 당선되면서 파리기후변화협약에 복귀 서명한 것이다. 기후 및 친환경 산업을 바라보는 시각이 민주당과 공화당은 확연히 다르기 때문이다. 2024년 11월에 실시될 대통령 선거에서 누가 당선되느냐에 따라 미국의 ESG를 바라보는 시각에 변화가 찾아올 수 있는 대목이다.

마지막으로는 2019년부터 시작된 코로나19 팬데믹의 원인으로 파악되고 있는 기상이변에 대한 전 세계인의 인식 변화라 할 수 있다.

출처: 픽사베이

결국, ESG 급부상 배경의 핵심은 21세기 들어 인류 공동체가 빈곤, 인구 증가 그리고 지구온난화로 인한 기후변화 → 기후위기 → 기후재앙과 환경오염 및 파괴 등의 위기에 직면해 있는 상황에서 지구가 '죽은 행성(Death Planet)'이 되지 않고, 경제를 지속적으로 발전시키기 위해서는 기업의 환경적, 사회적 책임에 기반한 지속가능발전으로의 패러다임 전환이 필요하다는 공감대가 형성된 것이라 할 수 있다.

 ESG경영

앞서 살펴본 것처럼 ESG는 환경(Environmental), 사회(Social), 지배구조(Governance)의 각각 맨 앞의 영문 첫 알파벳을 결합해 만든 단어다. 기업의 가치를 평가함에 있어서 재무적 관점 외에 현대 기업 경영에서 지속가능성을 달성하기 위한 3대 핵심 요소라 할 수 있다(KB 트렌드보고서, 2021, KRX). 따라서 ESG는 지속가능경영의 본질이고, ESG경영이 곧 지속가능경영이라 할 수 있다.

출처: 한국농어촌공사 홈페이지

ESG경영을 하게 되면 기업의 비재무적 성과가 올라가는 것과 동시에 새로운 사업기회가 창출되고 결국 이것이 뉴 파이낸셜 퍼포먼스로 연결될 수 있는 단계로 시장이 진보할 것으로 전문가들은 전망하고 있다. ESG는 과거에는 지속가능성이라는 용어로 사용되었고, 유사하게는 CSR 또는 CSV라는 용어로도 사용되었다. 이러한 용어들이 2005년부터는 ESG라는 하나의 단어로 통일되어 사용된 이후 2018년부터는 글로벌 시장과 우리나라에서는 2020년부터 ESG에 대한 관심이 폭발적으로 증가하여 지금에 이르고 있다.

ESG는 CSR, 지속가능경영과 연결해서 이해할 필요가 있다. 그러기 위해서는 '가치사슬(Value Chain)'이라는 것을 이해해야 한다. 비즈니스 가치사슬이라는 것은 한마디로 기업이 고객의 가치를 창출해 나가기 위해 수행하는 일련의 기업 활동이라 할 수 있다. 비즈니스 가치사슬 전 과정에서 모든 이해관계자에게 환경적, 사회적, 경제적, 윤리적, 법적, 공익적 책임을 지는 것 자체를 CSR(Corporate Social Responsibility)이라고 한다.

우리나라에서는 이 CSR을 기업의 '사회공헌 활동'이라는 말로 이해하고 있는데 본질은 다르다고 할 수 있다. 엄밀히 말하면 CSR 내에 기업의 사회공헌 활동이 포함되어 있다고 할 수 있다. 이와 유사한 개념으로 2011년 마이클 포터 교수가 〈하버드 비즈니스 리뷰〉에서 발표한 CSV(Creating Shared Value)가 있다. 즉, 기업이 수익 창출 이후에 사회공헌 활동을 하는 것이 아니라 기업 활동 자체가 사회, 환경 문제를 해결하는 사회적 가치를 창출하면서, 동시에 경제적 수익을 추구할 수 있는 방향으로 이루어지는 새로운 비즈니스 모델이라 할 수 있다.

결국 ESG경영의 핵심은 기업 고유의 경제 활동을 하면서 환경친화적이고, 사회적 책임 활동을 다 하면서 나타나는 부정적 영향을 최소화하고, 긍정적 영향을 최대화하는 책임 있는 의사결정을 하는 기업 경영이라 할 수 있다.

 ESG경영의 시발점

ESG는 어느 날 갑자기 툭 튀어나온 단어가 아니다. 먼저 국제사회에서 본격적으로 ESG경영이 대두된 것은 2000년 UN의 글로벌 콤팩트 10대 원칙에서 출발하였다. 2000년대 들어 환경과 인권에 대한 전 세계적인 관심이 높아지면서 유엔에서는 직접 기업에게 글로벌 리더 경영 체제로 전환하기를 권고하였다. 유엔은 해당 체제에 동의하는 수많은 글로벌 기업과 함께 인권, 노동기준, 환경, 반부패 영역에 해당하는 세부 공시항목 10대 원칙을 발표하였다.

기업이 지켜야 할 10대 원칙의 내용은 인권, 노동, 환경, 반부패 4가지 영역에 세부 내용을 담고 있다.

첫째, 인권 분야는 기업은 인권 보호를 지지하고 존중해야 하며, 인권 침해에 연루되지 않도록 노력해야 한다.

둘째, 노동 기준은 기업은 결사의 자유와 단체교섭권을 인정해야 하며, 강제노동을 배제하고 아동노동을 철폐하며 고용과 업무에서 차별을 철폐해야 한다.

셋째, 환경 분야는 기업은 환경 문제에 예방적으로 접근하고 환경적 책임을 증진하며 환경친화적 기술 확산을 촉진해야 한다.

마지막은 반부패 분야로 기업은 부당 취득 및 뇌물 등의 부패에 반대해야 한다.

이렇듯 유엔은 글로벌 콤팩트 10대 원칙에서 전 세계 기업들에게 기업경영 원칙을 구체적으로 제시하였다(UN Global Compact, n.d). 다음으로 2004년 유엔 글로벌 콤팩트의 〈Who Cares Wins – Connecting Financial Markets to a Changing World 2004〉 보고서에서는 금융 투자자들에게 환경, 사회, 지배구조를 고려하여 창의적인 투자를 해야 한다고 강조하였다(United Nations The Global Compact, 2004).

또한, 유엔에서는 계속해서 전 세계 기업의 건전한 지속가능경영을 지지하며, 2006년에는 본격적으로 ESG경영에 대한 방침을 유엔 글로벌 콤팩트에서 제안하였다. 유엔 책임투자원칙(UN PRI) 보고서에서는 ESG를 재무적 가치에 영향을 미칠 수 있는 비재무적 요소로써 금융기관을 비롯한 투자자들이 투자 의사결정 과정에서 ESG를 고려해야 할 주요 요소로 반영한다는 의지를 담았다(UN Global Compact, n.d).

따라서 ESG경영 배경의 핵심은 21세기 들어 환경과 사회 문제가 회복 불가능할 정도로 심각해지자 이를 지연시키거나 막기 위해 기업의 환경적, 사회적 책임을 강조하게 된 것이 본질이라 할 수 있다. 또한, 환경과 사회를 망가뜨리는 기업에 대한 투자는 투자금융 관점에서는 손실이 발생할 수 있으므로 더 이상 이런 기업에 투자해서는 안 된다는 컨센서스 형성이 ESG를 더욱더 강화하게 된 배경이라 할 수 있다. 결국 ESG는 기업이 환경과 사회적으로 지속가능한 경영을 하게 하는 일종의 통제 장치라 할 수 있다.

우리나라 ESG경영의 시발점

그렇다면 우리나라는 어떠할까? ESG는 지속가능성이라는 용어로 사용되어 왔다. 2005년부터는 다양한 지구적 문제를 해결하기 위해 ESG라는 하나의 단어로 통일되어 사용된 이후 2019년부터는 글로벌 시장에, 우리나라에서는 2020년부터 ESG에 대한 관심이 폭발적으로 증가하여 지금에 이르고 있다. 구글 트렌드에서 ESG 키워드를 검색해 보면 우리나라는 유럽연합보다는 늦었지만, 2020년 11월과 2021년 1월에 ESG 검색이 갑자기 증가한 것으로 나타났다.

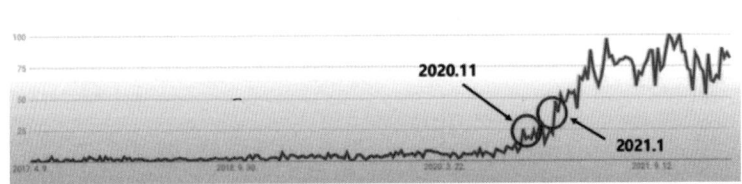

구글 ESG 검색 트렌드(INSBee TV캡처)

이는 국민연금(NPS)이 "2022년부터 운용 기금의 50%를 ESG 평가에 기반해 투자하겠다"고 2020년 11월에 발표한 시점과 맥락을 같이하고 있다. 국민연금이 이런 결정을 내리게 된 배경은 2006년 유엔 글로벌 콤팩트와 유엔환경계획이 지속가능한 발전에 기여할 기업들에 대한 책임투자를 실행하기 위해 당시 코피 아난 UN 사무총장의 지지로 UN PRI*를 설립하고, 6가지 원칙을 발표하게 된 데 따른 것이다.

이때부터 UN이 ESG라는 용어를 공식적으로 사용하기 시작했다. 이에 UN PRI 서명국은 2020년까지 구체적인 ESG 실행계획을 제시해야 했고, 이 합의를 기반으로 국민연금이 2020년 11월에 ESG 투자계획을 발표하게 된 핵심 배경이라 할 수 있다.

또한, 국민연금이 투자하려면 상장기업의 ESG 관련 정보가 필요한 데 금융위원회, 금융감독원, 한국거래소가 2021년 1월 '기업공시제도 종합

---

* 글로벌 주요 연기금, 은행, 투자회사, 자산운용사 등 4,000여 기관이 참여, 2009년에 우리나라 국민연금(NPS) 서명 기관에 참가

개선안'과 한국거래소(KRX)의 'ESG 정보공개 가이던스'를 발표하게 된 것이 ESG가 국내에서 또다시 관심이 급증하게 된 배경이라 할 수 있다. 2021년 3월에는 문재인 대통령이 "2021년을 ESG 경영확산의 원년으로 삼겠다"고 발표하기도 했다.

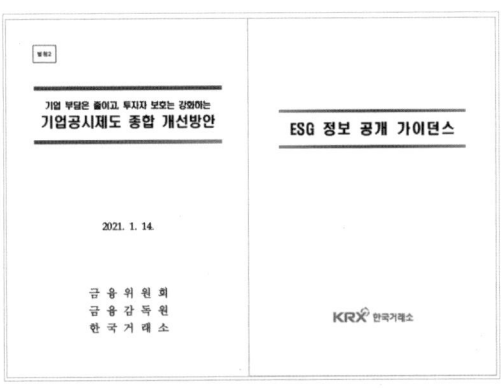

출처: 내일신문(2021.1)

기업공시제도의 핵심은 2025년부터는 자산 2조 원 이상의 상장기업은 '지속가능경영보고서'를 의무적으로 공시해야 하고, 2030년부터는 모든 코스피 상장기업이 의무적으로 공시해야 한다는 것이 핵심이라고 할 수 있다. 이것이 우리나라에서 ESG에 관심을 촉발하게 된 계기라 할 수 있다. 하지만 2023년 10월 16일, 금융위원회는 IFRS-ISSB 공시 기준이 2023년 6월에 확정되었고, 미국 등 주요국 ESG 공시 의무화가 지연된 점 등을 고려하여 'ESG 정보공시 의무화'를 2026년 이후로 연기한다는 내용을 발표한 바 있다.

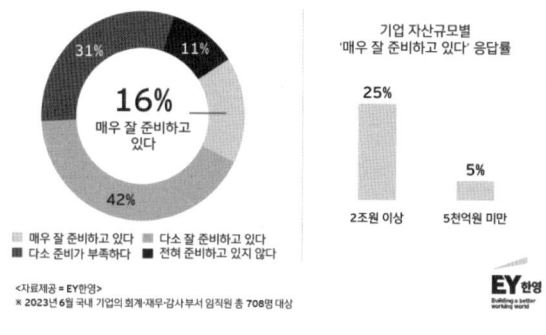

출처: 2023 EY한영 회계감사의 미래 설문조사

우리나라에서도 ESG가 확산되면서 비즈니스 산업 전반에 걸쳐 ESG 경영에 관심이 고조되고 있는 가운데, 기후변화 대응 관련한 캠페인에 가입하거나 ESG위원회 등 전담 조직을 만드는 등 정부 기관과 대기업을 중심으로 ESG 내재화에 적극적인 움직임을 보여왔다. 삼성전자, SK, 현대 등 대기업은 재생에너지 개발과 화석연료 감소 등의 ESG경영 전략을 본격적으로 실천하기 시작하였다(Koh et al., 2022).

기업의 ESG경영 관련 연구도 최근 활발히 이루어지고 있다. 서정태 외(2022)는 〈중소기업의 ESG 경영 연구〉에서 대기업에서 시작한 ESG 경영 환경이 이제는 중소기업까지 필수 환경으로 접어들었다고 하였다. 기업별, 업종별, 업태별 차이는 있겠지만, ESG경영의 환경, 사회, 지배구조 3요소가 균형 있게 관리되고 경영되어야 지속가능한 100년 기업으로 발전할 수 있다고 강조하였다(이정기·이재혁, 2020).

이선미·박종철(2022)은 〈기업의 ESG 활동이 기업 평판에 미치는 영향 연구〉에서 ESG경영은 지속가능한 성장의 필수 조건이며 기업은 친환경 경영과 사회적 가치 활동, 투명한 지배구조를 반드시 가져야 한다고 하였다. 해당 연구에서는 ESG경영 3가지 요소 모두 기업 평판에 긍정적인 영향을 미친다는 점을 증명하였다.

일반 기업뿐만 아니라 유통기업을 대상으로 ESG경영 연구도 활발하게 이루어지고 있다. 김수연 외(2021)는 〈한·중 유통기업의 ESG 경영에 대한 2030 소비자 인식 연구〉에서 한국 소비자들은 ESG 세 가지 요인의 우선순위를 어떻게 보는지에 관한 연구를 하였다. 한국의 소비자는 1순위가 환경, 2순위는 사회, 마지막이 지배구조(거버넌스)로 소비자가 직접적으로 연관되고 영향을 받을 수 있는 환경 요인을 중요하게 생각하는 것으로 나타났다.

지방자치단체의 ESG경영

이제 ESG는 기업만이 하는 프로젝트가 아니다. 우리나라의 지속가능발전 기본법(2022.1.4. 제정/2022.7.5. 시행) 제3장, 지속가능성 평가 제15조(지속가능발전지표 및 지속가능성 평가)에 의하면 "국가위원회나 지방위원회는 제1항(국가와 지방자치단체는 지속가능발전목표를 반영하여 국가와 지방 차원의 지속가능발전지표를 개발하고 보급하여야 한다)에 따른 지속가능발전지표에 따라 2년마다 국가 또는 그 지방자치단체의 지속가능성을 평가하여야 한다"라고 명시되어 있다.

기초지방자치단체 ESG 평가 등급 현황(종합등급 'A' 기준 기관)

지자체 명	종합등급	E	S	G
서울 강동구	A	A	A	C
서울 양천구	A	A	A	B
부산 연제구	A	A	B	B
부산 수영구	A	A	C	B
대구 수성구	A	A	A	B
광주 서구	A	A	A	C
대전 서구	A	A	A	A
대전 유성구	A	A	A	A
대전 동구	A	A	A	B

경기 수원시	A	A	A	A
경기 안양시	A	A	A	A
경기 하남시	A	A	A	B
경기 고양시	A	A	A	C
경기 용인시	A	A	A	B
경기 의왕시	A	A	A	B
경기 과천시	A	A	A	B
경기 성남시	A	A	A	A
경기 광명시	A	A	A	A
경기 남양주시	A	A	A	C
경기 구리시	A	A	A	C
경기 군포시	A	A	A	B
강원 춘천시	A	A	A	C
충북 옥천군	A	A	B	A
전북 남원시	A	A	A	B
전남 신안군	A	A	A	C
전남 화순군	A	A	A	B
전남 함평군	A	A	A	C
경남 창녕군	A	A	B	B

출처: ESG행복경제연구소(2023년 11월)

우리나라의 지방자치단체도 인류 공동체의 지속가능한 발전을 위한 보편적 가치체계인 ESG에서 자유로울 수 없다. 정부도 ESG와 연계해 지속가능성을 위한 통합시책에 적극 나서고 있는 가운데, ESG행복경제연구소가 전국 226개 기초지방자치단체를 대상으로 실시한 ESG 평가 결과를 2023년 10월에 발표하였다. 지난 2021년 국내 최초로 지자체 대상으로 공표한 데 이어 이번이 두 번째 발표다.

ESG행복경제연구소가 발표한 평가는 지역 간 형평성을 고려해 전국

226개 기초자치단체를 자치구(서울, 광역), 시 및 군의 11개 그룹으로 유형화한 행안부 '2022년 지방재정분석 자치단체 유형분류 기준'을 적용해 평가하였다.

『광역단위 기초지자체 ESG 종합평가등급』

구분	S 최우수	A 우수	B 양호	C 보통	D 미흡
서울특별시	-	2	20	3	-
부산광역시	-	3	8	5	-
대구광역시	-	1	4	3	-
인천광역시	-	-	4	6	-
대전광역시	-	1	4	-	-
광주광역시	-	3	2	-	-
울산광역시	-	-	2	3	-
경기도	-	12	15	4	-
강원특별자치도	-	1	7	10	-
충청북도	-	1	4	6	-
충청남도	-	-	6	9	-
전라북도	-	1	11	2	-
전라남도	-	3	15	4	-
경상북도	-	-	10	13	-
경상남도	-	1	8	9	-
전체	-	29	120	77	-

출처: ESG행복경제연구소

ESG행복경제연구소가 발표한 자료를 보면, 전체 지방자치단체 중 12.4%가 ESG 종합등급 A를 받았고, 33.5%의 지방자치단체가 ESG 종합등급 C의 평가를 받았다. 그중 인천광역시와 충청남도, 경상북도는 2023년 ESG 종합평가에서 A 등급을 받은 시, 군, 구가 전혀 없는 것으로 나타났다. 반면, 경기도는 31개 시, 군, 구 중 48%가 종합등급 A를 받는 등 ESG에 대한 관심도가 타 지자체에 비하여 높은 것으로 나타났다. 또한, 종합등급에서도 A를 받고, 지속가능한 발전을 위한 ESG 3개 요소 모두 올 A를 받은 지자체는 '대전 서구', '수원시', '안양시', '성남시', '광명시' 5곳으로서 경기도 기초지방자치단체가 대부분 차지한 점도 눈여겨 볼만한 대목이다.

피터 드러커 교수가 말한 것으로 알려진 "측정할 수 있는 것은 개선할 수 있다(what gets measured gets managed)"라는 말처럼 우리나라는 국가조직 전반에 걸쳐 ESG경영 내재화를 위한 지속가능성 평가를 법률로 명시하고 있다. 이번 조사 결과는 중·장기적으로 ESG경영에 관한 각 지방자치단체의 인식과 기관별 상향 평준화에 큰 도움이 될 것으로 기대된다.

중소기업의 ESG경영

ESG는 전 세계 글로벌 대기업에서 이제는 각국의 중소기업으로 확산하는 모습이다. 대기업 공급망 내에 있는 많은 기업이 대부분 중소·중견기업이기 때문이다. 대기업은 선제적으로 ESG위원회를 설치하고 ESG경영을 선포하는 등 보다 적극적으로 대응하고 있지만, 중소기업은 아직 정부의 규제권 내에 들어와 있지 않다. 예컨대, 'ESG 정보공시 의무화' 대상도 상장기업 중심으로 되어있지만, 중소기업도 선제적으로 ESG경영 전략을 내재화하지 않으면 대기업과 공급망 관계에 있는 중소기업들이 향후 경영 활동에 제약을 받을 수밖에 없는 상황에 맞닥뜨리는 건 시간문제일 듯해 보인다.

따라서 중소기업이 ESG(환경, 사회, 지배구조)에 대응하기 위해서는 종합적이고 효과적인 전략 수립이 필수적이지만, 중소기업이 적극적으로 ESG를 추진하는 데는 몇 가지 중요한 쟁점이 있다.

먼저 자원 부족이다. 상당수 중소기업이 기본적으로 인력 및 재정적으로 자원이 한정되어 있기 때문에 추가로 비용 부담이 유발되는 ESG

활동을 적극적으로 추진하기 어려울 수 있다. 따라서 ESG 관련 투자와 기술 도입이 제한적일 수밖에 없다는 것이 한계라 할 수 있다.

다음으로 고려할 수 있는 것은 ESG에 대한 중소기업 CEO의 인식 부족도 예상할 수 있다. 아무래도 영세 중소기업 중에는 ESG의 중요성과 필요성을 인식하지 못하거나 설사 인식한다 하더라도 'ESG경영 활동이 기업의 장기적인 가치 창출에 기여할 수 있을까'라는 의구심에서 벗어날 수는 없어 보인다.

이러한 문제들을 해결하기 위해서는 중소기업을 대상으로 ESG 관련 교육 및 자원 지원을 하는 것이 무엇보다 중요하다. 또한, ESG를 경영에 효과적으로 통합하여 기업 가치 창출에 기여할 수 있는 방안을 찾는 것 역시 중요한 과제라 할 수 있다. 물론 대기업 중심으로 공급망 내의 중소기업들을 대상으로 직원들에 대한 ESG교육 및 컨설팅 지원을 확대하고 있다. ESG는 어느 한 기업만이 잘해서 될 일이 아니기에 공급망 내의 모든 기업이 동반 성장하기 위해선 ESG에 대한 대기업의 역할이 상대적으로 커질 수밖에 없는 상황이다. ESG가 기업에게는 위기이자 새로운 비즈니스모델을 창출할 수 있는 기회이기 때문이다.

그렇다면 ESG 관련하여 정부에서 지원해야 할 일은 무엇일까? 정부는 중소기업이 ESG에 대한 책임을 수행하고 지속가능한 경영을 실행할 수 있도록 적극 지원하고, 촉진할 수 있는 다양한 정책과 제도를 도입해야 한다. 다방면으로의 지원이 필요하지만, 그중에서 중요한 정책 영역은 다음과 같은 것을 고려해 볼 수 있을 듯하다.

먼저 실질적인 도움을 주기 위한 방안으로서는 중소기업이 ESG에 기반한 비즈니스 모델로 전환할 경우 금융기관 및 투자자로부터 자금 조달을 쉽게 하고, 각종 세제 혜택을 확대해 주는 것이다. 물론 지금도 시행하고 있지만, ESG를 추진하는 중소기업에 대한 자금 지원을 더 확대하고, ESG경영에 투자하는 기업에 대해 다양한 세제 혜택을 제공함으로써 중소기업들이 ESG에 자발적으로 투자할 수 있는 환경을 만들어 줄 필요가 있다.

다음으로는 ESG에 대한 중소기업 직원의 인식을 제고하기 위한 전폭적인 교육지원이다. 지식이 공유되어야 함께 행동할 수 있는 것이다. 특히, 코로나19로 온라인 학습(Distance Learning)이 활성화된 상황에서 중소기업에게는 오프라인보다는 온라인 ESG 교육과 관련 정보를 지속해서 제공하여 ESG에 대한 인식 수준을 높이는 방안도 생각할 수 있다.

또한, 중소기업의 ESG역량을 강화하기 위한 정부의 바우처 지원사업을 확대(지원자금, 대상업체)하고, 전문 컨설팅(진단, 처방) 그룹들이 중소기업을 대상으로 ESG 교육 및 컨설팅 서비스, 멘토링 프로그램을 충분하게 제공하는 시스템을 구축하여 더 많은 중소기업이 실질적인 도움을 받을 수 있도록 지원을 강화해 나가는 것도 방법이 될 수 있을 듯하다.

 ESG를 바라보는 관점

현재 ESG는 전 세계적으로 선택이 아닌 기업의 지속가능경영을 위한 필수 생존전략으로 공감대가 형성되어 가고 있다. 하지만 일부에서는 ESG를 찬성하는 그룹과 비판하는 그룹이 팽팽하게 맞서고 있는 것도 주지의 사실이다.

즉, ESG를 기업의 이윤보다는 지속가능경영이 우선이라는 관점과 기업은 이윤 추구가 존재 이유이며, ESG는 이윤 추구를 위한 수단에 불과하다는 관점이 팽팽하게 맞설 수 있다. 어떤 시각의 입장이든 전 세계 곳곳에서 나타나는 기상이변으로 지구 위기가 가속화되고 있는 것은 분명하다.

"죽은 행성에서는 어떤 사업도 불가능하다"라고 말한 환경운동가 '데이비드 브라우어(David Brower)'의 메시지를 되새길 필요가 있다. 동전의 양면 같은 ESG를 지속가능경영의 핵심으로 삼고 추진할 것인지, 아니면 하는 척만 하는 'ESG Washing'으로만 할 것인지는 기업의 경영자가 ESG를 바라보는 시각에 달려있다고 해도 과언이 아니다.

하지만 지구온난화가 가속화되고 있는 현실에서 수출로 성장해야 하는 국가의 기업이나 투자를 받아야 할 기업 그리고 소비자들부터 지속적인 사랑을 받아야 할 기업이라면 중·장기적 관점에서 결국 선택의 여지는 없을 듯싶다. 즉, ESG를 단순히 트렌드나 평가 대응으로 이해하고 기업 이윤 추구의 보조 수단으로 볼 것인가? 아니면 기업의 지속가능성을 근본적으로 높이기 위한 혁신의 기회로 볼 것인가? 라는 관점의 차이다. 이에 ESG를 추진하는 기업의 4단계 전략을 소개한다.

먼저 초기 단계에서 매우 수동적인(Passive) 형태의 ESG 활동(ESG 1.0)이다. 즉, 기업이 요구받을 때만 하는 것을 말한다. 예컨대, 'ESG 공시'나 EU의 '공급망 실사법'이 의무화되었기 때문에 ESG경영을 한다는 단계를 말한다. 한마디로 요구될 때 어쩔 수 없이 수용하는 수동적 대응전략이다. 아직도 많은 기업이 초기 단계 수준의 전략을 추구하는 경우가 많은 게 현실이다.

2단계인 Reactive ESG 전략은 경쟁 기업보다는 조금 더 잘하려는 전략이다. 3단계인 Active ESG 전략(ESG 2.0)은 ESG를 경쟁우위의 수단으로 활용하는 것을 말한다. 즉, 자사의 제품이 경쟁사보다 더 높은 가격으로 팔 수 있다거나 소비자들이 더 선호하는 제품이 될 것이라는 믿음을 갖게 되는 것을 말한다. 예컨대, 하나의 제품을 생산할 때 법적으로 요구되는 유해 물질뿐 아니라 조만간 법적으로 요구될 유해 물질이 있다면 적극적으로 대체물질을 개발해서 대체하는 방식의 생산이다.

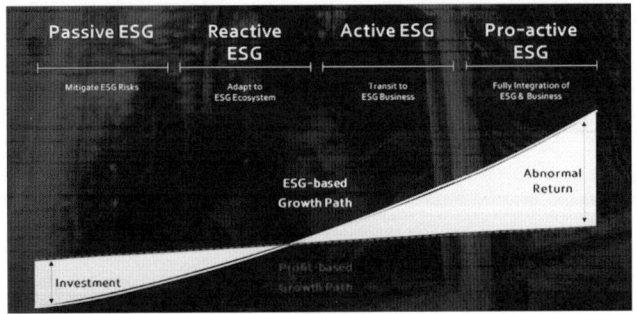

출처: 김앤장 ESG경영연구소

마지막 단계는 Pro-active 전략이다. 이것은 ESG를 기반으로 한 비즈니스 포트폴리오를 구축하거나 ESG를 제품과 서비스에 철저하게 내재화하는 것을 말한다. 이것이 향후 기업의 가치를 판단하는 핵심이 될 것이다. 예컨대, 제품을 생산 과정에서도 지속가능성을 고려하는 것이다. 즉, 생산 과정에서 탄소를 전혀 배출하지 않아야 하고, 원자재를 수급하는 과정에서부터 최종적으로 소비자가 폐기하는 전 과정에서 환경적인 영향을 고려하여 재생할 수 있는 원자재를 사용하는 생산 방식을 취하는 것들이 이 단계에 해당한다고 할 수 있다.

ESG 회의론

앞서 언급한 것처럼 ESG에 대한 비판론이 있는 것도 사실이다. 먼저 2024년 11월에 치러질 미국 대선에서 민주당의 후보가 대통령이 당선되느냐, 공화당의 후보가 대통령에 당선되느냐에 따라 미국의 ESG 정책적 향방이 달라질 수 있다는 전망이다. 미국도 우리나라처럼 양당 체제이다 보니 ESG를 바라보는 시각이 다르다. 민주당의 조 바이든 대통령은 정부 출범과 함께 2017년, 공화당의 트럼프 대통령이 "파리기후변화협약은 미국에 불이익을 가져다준다"라는 명분으로 공식 탈퇴한 파리기후변화협약*에 재가입하고 기후위기 대응 차원에서 미국 정부가 '청정에너지 및 인프라 구축'에 투자하겠다고 발표한 바 있다.

2024년 11월 대선에서 민주당의 조 바이든 대통령이 재선에 성공하면 현재 기조를 일관성 있게 유지할 가능성이 커지지만, ESG와 기후변화에 다른 시각을 갖고 있는 트럼프가 재집권한다면 미국의 ESG 추진 동력을 상실할 가능성이 커질 수 있다는 관측도 있다. 트럼프는 대통령

* 2015년 12월 12일 파리에서 열린 21차 유엔 기후변화협약 당사국총회 본회의에서 195개 당사국이 채택한 협정. 2016년 11월 4일부터 국제법으로써 효력 발효

취임 첫날, 행정명령을 통해 퇴직연금(401K)의 ESG를 고려한 투자를 금지하고, 추후 입법을 통해 이를 영구적으로 막겠다고 밝힌 바 있었기 때문이다.

조 바이든(좌), 도널드 트럼프(우)

또 한편으로는 일반적인 경영이론이 그러하듯, ESG가 반짝거리다 없어질 하나의 트렌드일 것이라는 인식이다. 하지만 ESG는 어느 날 갑자기 튀어나온 용어가 아니다. ESG는 경영이론이 아닌 지금까지 오랜 기간 전 세계 국가나 기업에서 음으로 양으로 시행해 왔었고, 전 지구적 문제를 단계별로 해결함으로써 지속가능한 지구 환경과 사회공동체를 만들기 위해 UN을 중심으로 ESG라는 키워드로 이슈화했다.

다른 시각에서 볼 수 있는 것은 기업으로서는 엄청난 비용과 인력이 필요하고 이것이 당장 기업 경영성과 창출에 도움이 되느냐의 시각도 존재한다. 예컨대, 러-우 전쟁으로 인한 에너지 가격 상승, 세계 정치의 불확실성, 기업의 그린 워싱으로 인한 소비자 신뢰도 하락, 석탄발전소가 퇴출되고 신재생에너지로 전환함에 따른 원자재 가격 상승으로 나타난 그린플레이션, EU의 탄소국경조정제도(CBAM) 시행이 EU 역외 제품에 대한 무역장벽으로 ESG가 기업에 부담이 될 수 있다는 우려의 시각이다.

기업은 종국에 가서는 이익 창출을 위해서 존재한다. 따라서 ESG에 관심을 두기엔 현실적으로 많은 글로벌 기업, 특히 우리나라에서도 중소·중견기업이 부담해야 할 시간적, 경제적 비용이 큰 것도 현실이라는 측면에서 부정적 시각이 존재하는 것도 분명하다.

최근 월스트리트저널(WSJ)에 따르면, 스탠더드앤드푸어스(S&P) 500대 기업 중 2021년 ESG경영 원칙을 천명한 미국 기업은 155개에 달했지만, 2023년 2분기에는 61개 기업으로 급감했고, 영국 파이낸셜타임스(FT)는 2023년 상반기 55개가 출시됐던 ESG 펀드가 동년 하반기에는 단 6개 출시에 그쳤다고 한다. 다만, 파이낸셜타임스(FT)는 펀드 명에서 ESG 라벨이 삭제되고 지속가능 등의 문구로 대체되고 있다고 전했다.

또한, UN 산하 기후 문제 전담 국제기구인 유엔환경계획(UNEP)의 〈2023 온실가스 배출격차 보고서(Emission Gap Report)〉에 따르면, 2100년 지구 온도가 산업화 이전 대비 2.5도에서 최고 2.9도까지 상승할 것으로 전망하였다. 이는 지구 온도를 산업화 이전 대비 1.5도로 제한한다는 파리기후변화협약과는 거리가 먼 예측이다. 2.9도 지구 온도 상승은 10억 명가량의 기후난민 발생, 생태계 붕괴, 기후재난 빈도 상승으로 인한 천연자원 부족 심화, 해수면 상승으로 인한 섬 국가 생존 위협을 주요 피해 요인으로 지목하였다.

주된 이유는 G20 국가 중 넷제로(Net-Zero) 목표대로 탄소 배출량을 감축하는 국가가 단 한 곳도 없다는 점에서 ESG가 전 세계적으로 이슈가 되고 있는 것과는 다른 모습도 ESG 회의론에 기여하고 있다. 2015년, 제21차 유엔기후변화협약 당사국 총회에서 파리기후변화협약이 채택될 때만 해도 탄소중립은 거스를 수 없는 대세로 인식됐다. 이란을 비롯한 7개국을 제외한 대부분의 국가가 협정에 참여해 온실가스 감축목표를 제시했기 때문이다.

기후공시 법제화 이니셔티브

구분	TCFD	ISSB-IFRS	US SEC	EU CSRD
명칭	기후변화 재무정보공개 협의체	국제회계기준(IFRS) 지속가능성기준위원회(ISSB)	미증권거래위원회	EU 지속가능성 정보공시지침
진행단계	권고안(2017)/일부개정(2021)	최종안(2023.6.)	초안(2022.3.)	ESRS 확정(2023.7.)
의무공시	자발적공시	국가별 채택	의무공시	
정보 주이용자		투자자		외부 이해관계자
공시위치	사업보고서(연차보고서)		사업/증권보고서	경영보고서
온실가스 배출량	권고	Scope 1(직접), Scope 2(간접), Scope 3(공급망)		
외부인증	-	각 국가별 정책	제3자 외부검증[Scope 1(직접), Scope 2(간접)]	
시행일	-	2024 회계연도(2025~)	2023 회계연도(2024~)	

출처: KOTRA, 미국 ESG 트렌드와 공급망에 주는 시사점(2023), 법무법인 광장

미국 뉴욕주는 탄소중립 정책을 아예 반대하고 있다. 네덜란드는 지구온난화의 주범 중의 하나인 가축 사육에서 배출되는 질소산화물을 줄이기 위해 가축 농가 폐쇄 방안을 추진하다가 농민들의 거센 반발에 직면하기도 했다. 영국은 휘발유 자동차 판매 금지 시기를 당초 2030년에서 2035년으로 연장하기도 하였다.

우리나라는 2030년까지 온실가스 배출량을 2018년 대비 40% 감축하고, 2050년까지 탄소중립을 달성하겠다는 목표를 제시한 바 있다. 하지만 시행 과정 중에 선진국처럼 다양한 여론과 저항이 거세질 수 있다. 한마디로 이상과 현실 사이에 충돌이 불가피할 것으로 예상된다.

그럼에도 불구하고, 선진국을 비롯해 우리나라의 ESG 관련 법규와 제도도 전 세계 국가와 호흡을 맞추고 있는 현실에서 ESG의 행보는 실행 시간이 문제이지 용두사미가 될 것 같지는 않다는 시각이 더 강한 것은 분명해 보인다.

 # ESG경영 평가

　2006년, 유엔 책임투자원칙(UN PRI)에서의 6가지 원칙 제시와 2015년 UN의 '지속가능발전목표' 17가지의 목표 발표는 전 세계 기업들에게 ESG가 기업의 생존과 경영을 위한 필수 과제라는 점을 인식시켰다. 가장 먼저 글로벌 금융투자 그룹들이 기업에 대한 투자 시 ESG 평가지표를 활용하기 시작하면서, 투자자로부터 자금 지원을 받는 기업들에게는 ESG경영에 관한 평가의 중요성이 더욱 대두되었다.

　평가기관들은 각자의 ESG경영 평가지표를 공개하였고, 국제적으로 대표적인 ESG 평가지표로는 GRI(Global Reporting Initiative) 표준, 다우존스 지속가능경영지수(Dow Jones Sustainability Indices), 모건 스탠리 캐피털 인터내셔널 ESG 평가(MSCI ESG Ratings) 등을 들 수 있다.

　'지속가능보고서'에 대한 가이드라인을 제시하는 GRI(Global Reporting Initiative)는 미국의 환경단체인 세리즈(CERES·Coaltion for Environmentally Responsible Economics)와 1997년 국제연합환경계획(UNEP)과 협약을 맺고 만든 국제기구이다. 2000년, GRI 리포트 가이드라인을 발표한 후 2016

년에는 〈Global Reporting Initiative〉라 불리는 지속가능보고서를 선보였고, 2021년에 개정된 GRI Standards는 2016년 판보다 글로벌 가이드라인과의 연계 및 호환을 강화하였다. GRI는 기업의 환경지표, 사회지표, 경제지표로 나눠 재무적 지표뿐만 아니라 비재무적 정보까지 분석하고 있다.

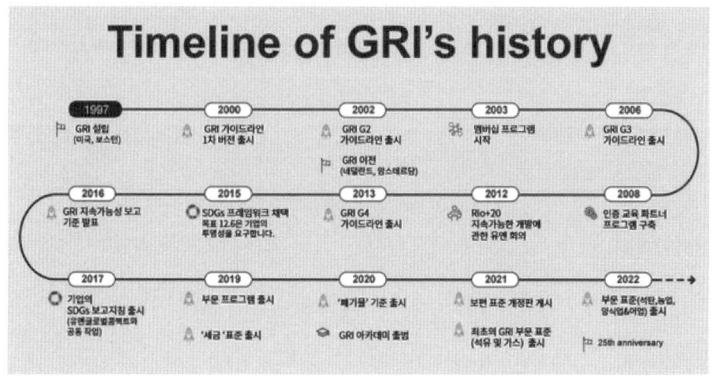

출처: GRI Web Site

다우존스 지속가능경영지수(DJSI)는 윤리경영, 리스크 관리, 기업 지배구조, 환경, 공급망, 인적 자원 등을 질문지 답변 방식으로 평가하고 있다. 모건 스탠리 캐피털 인터내셔널 ESG 평가(MSCI ESG Ratings)는 환경, 사회, 지배구조 3개 분야로 나눠 37개 세부항목을 가지고 기업 공시자료 형태로 평가하고 있다(김효정·이준석, 2021).

전 세계적으로 기업의 ESG 등급을 평가하는 기관은 600여 개 이상이고, ESG 항목에 대한 평가 가중치 및 기준도 기관마다 제각각이다(채건석, 2020). 따라서 동일한 기업에 대한 ESG 등급 평가 결과도 평가기관마다 다른 게 현실이다. 따라서 산업별, 기관별 특성을 고려한 평가지표가 제시되어야 한다는 전문가들의 견해도 대두되고 있다.

이마트&롯데쇼핑 2023년 주요 기관별 평가

구분	한국ESG기준원	한국ESG연구소	서스틴베스트	Moody's	MSCI	S&P
이마트	A	A	A	30	B	6
롯데쇼핑	A	A	A	37	BB	25

우리나라의 대표적인 ESG 평가기관으로는 한국ESG기준원, 한국ESG연구소, 서스틴베스트 등이 있다. 하지만 ESG가 점점 더 법제화, 규제화되는 글로벌 경영 환경에서 선택의 여지가 없는 많은 기업, 특히 중소·중견기업들은 ESG를 어떻게 준비해야 하는지에 대한 명확한 전략적 대안이 미흡한 게 현실이다.

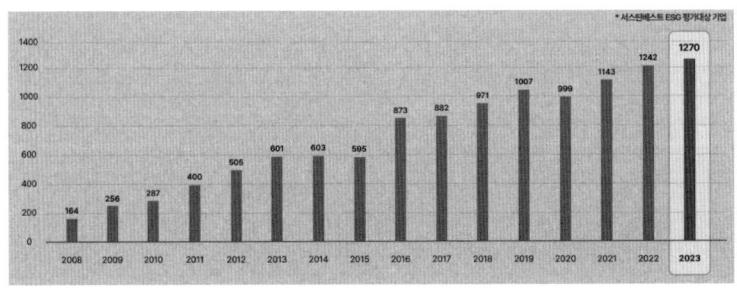

ESG 평가 대상기업 지속 증가, 국내 상장사 1,065개 사(83.9%, 2023년 11월 현재),
출처: 서스틴베스트

ESG 경영평가 SHEET, 출처: 서스틴베스트

또 다른 글로벌 평가기관으로는 에코바디스(EcoVadis)가 있다. 에코바디스는 프랑스에 본사를 둔 2007년에 설립된 글로벌 공급업체의 환경 및 사회적 성과를 평가할 수 있도록 구현된 지속가능성 평가기관이다. 전 세계 기업을 대상으로 ▲환경 ▲노동 및 인권 ▲윤리 ▲지속가능한 조달 등 4개 항목을 평가한다. 평가결과 산출된 스코어에 따라 플래티넘(상위 1%), 골드(상위 5%), 실버(상위 25%), 브론즈(상위 50%) 등급을 부여하고 강점과 개선점을 제시하며, 매년 갱신해야 한다. 하지만 2024년도부터는 이 기준이 바뀐다.

레벨	2023년		2024년	
플래티넘	상위 1%	78/100	상위 1%	점수별 매달 기준 없어짐
골드	상위 5%	70~77/100	상위 5%	
실버	상위 25%	59~69/100	상위 15%	
브론즈	상위 50%	50~58/100	상위 35%	

출처:한국ESG지원센터

특히, 유럽 기업을 대상으로 수출하려는 우리나라 기업은 에코바디스로부터 관련 인증을 반드시 득해야 한다.

전 세계적인 ESG경영 변화 흐름에 맞춰 우리나라 정부도 현재의 국가정책체계로는 국민의 삶의 질을 체감적으로 개선하고 국가 지속가능성을 견인하기에는 한계에 도달하였다는 배경하에서 '국가 지속가능발전목표(K-SDGs: Korean Sustainable Development Goals)'를 수립하여 2018년 12월에 확정하였다.

2020년 12월에는 기존의 K-SDGs를 기반으로 한 '제4차 지속가능발전 기본계획(2021-2040)'을 수립하여 사회(사람), 경제(번영), 환경(지구환경), 평화, 지구촌 협력(파트너십) 등 UN의 '지속가능발전목표(SDGs)' 5대

축과 17개 목표를 발판으로 5대 전략, 17개 목표, 119개 세부목표, 236개 지표를 만들어 '2030 국가비전'을 제시하였다. 4차 기본 계획은 2018년 수립한 K-SDGs 가운데 99개 지표에 대한 첫 평가와 함께, 그 결과를 반영하였다는 점에서 의의가 있다.

'포용과 혁신을 통한 지속가능국가 실현'이라는 비전을 내걸고 5대 전략으로 포용사회 구현, 모든 세대가 누리는 깨끗한 환경 보전, 삶의 질을 향상시키는 경제 성장, 인권 보호와 남북평화 구축, 지구촌 협력을 제시했고, 지속가능발전지표로 236개를 설정해 기업에게 가이드라인을 제시하였다. K-SDGs는 전체지표 중 유엔의 지속가능발전(SDGs) 목표에 포함하지 않은 지표 122개를 넣어 한국의 특성을 보완하였다. 본 지표에는 사회, 경제 부문 지표를 보완해 균형적인 국가 지속가능발전 목표 체계를 구성하였다.

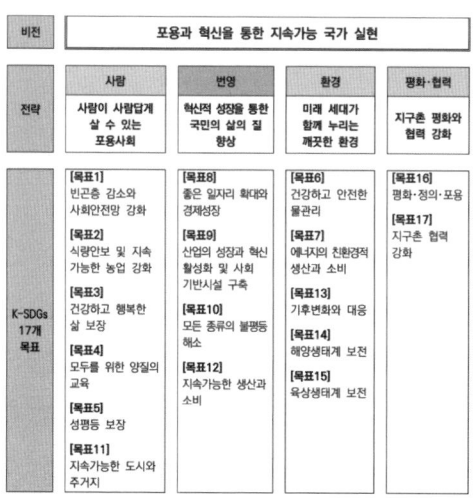

K-SDGs 2030 목표체계, 출처: 지속가능발전포털

ESG경영이 전 세계적으로 공급망 전반에 확산되면서 대기업뿐만 아니라 중소·중견기업들도 ESG경영 전략체계가 필요하게 되었다. 대기업은 자본, 시스템, 인적자원으로 준비되어 있는 반면에 중소기업은 상대적으로 부족한 역량으로 인해 ESG경영의 필요성과 배경에는 공감하고 있으나, 실행 단계에서 어떻게 준비해야 할지 막막한 상황이었다. 이에 한국의 산업통상자원부에서는 2021년 'K-ESG 가이드라인'을 발표해 국내의 모든 기업을 지원하기로 하였다.

K-ESG는 기업들이 ESG경영 정보공시를 어떻게 해야 하는지와 환경, 사회, 지배구조, 세 가지 분야별 진단 항목을 상세히 제시하고 있다. GRI, MSCI, 서스테이낼러틱스(Sustainalytics) 등 국내·외 주요 13개 기관의 평가지표를 참고하여 61개의 ESG 이행과 진단항목을 추출해 제시하였다. 지표 선정 시 사회적, 문화적, 법적 사항을 고려해 국내 상황에 맞게 설계하였고, 일부 특정 산업에 국한되지 않은 산업 전반에 적용할 범용적 가이드라인을 설정했으며, 중소·중견기업이 우선하여 추진할 ESG 경영 항목을 별도로 제시한 특징을 가지고 있다(산업통상자원부, 2021).

ESG 공시 글로벌 가이드라인

 ESG 공시지침을 제공하는 기존의 주요 기구에는 GRI(Global Reporting Initiative), 지속가능성회계기준위원회(Sustainability Accounting Standards Board, SASB), 기후변화 관련 재무정보공개 협의체(Task Force on Climate-related Financial Disclosure, TCFD), 국제통합보고위원회(Integrated Reporting Framework, IIRC), 기후정보공시표준위원회(Climate Disclosure Standards Board, CDSB) 등이 있었다. 이중 SASB와 IIRC는 2021년 6월 통합하여 가치보고재단(Value Reporting Foundation, VRF)이라는 새로운 조직으로 탄생했다(VRF를 이끄는 실세는 SASB). 2022년에는 국제회계기준(IFRS)에 가치보고재단(Value Reporting Foundation)이 통합되면서 ISSB는 SASB 표준도 함께 인수하였다. 그리고 기후정보공시표준위원회(CDSB)는 2022년 1월, ISSB가 합병했다.

 이처럼 ESG 글로벌 공시 기준은 계속해서 발전해 왔지만, ESG 정보에 대한 기업 공시를 위해서는 그 기준이 필요하다. 현재 전 세계적으로 많이 통용되고 있는 글로벌 ESG 공시 가이드라인으로는 GRI, SASB, TCFD, ISSB, SDGs 등이 대표적이라 할 수 있다. 이러한 기준들은 기업들이 ESG 관련 정보를 효과적으로 관리하고 보고할 수 있도록 도와주고, ESG 측면에서 어떻게 성과를 측정하고 보고할지에 대한 지침을 제공함과 동시에 지속가능경영에 대한 투명성을 촉진하고 있다. 또한, 기업은 각각의 영역에서 자체적으로 성과를 평가하고 개선하기 위해 다양한 공시 기준을 참고할 수 있다.

(1) 지속가능성 가이드라인

1) GRI(Global Reporting Initiative)

먼저, 국제적으로 대표적인 글로벌 기구인 GRI(Global Reporting Initiative)다. GRI는 지속가능경영보고서 작성을 위해 전 세계 대다수 기업이 참조하는 국제적인 표준을 제공하는 비영리 기관이다. 지속가능경영 및 사회적 영향에 대한 투명한 보고를 촉진하고, 기업의 사회적 책임과 지속가능성을 평가하기 위한 프레임워크를 제공하고 있다. GRI는 1997년에 설립되었으며, 지속가능경영에 대한 정보를 제공하는 데 사용할 수 있는 세계적으로 인정받는 지침 및 표준을 개발하여 발표하고 있다. GRI의 지침은 기업들이 환경, 사회, 지배구조 등 다양한 측면에서 정보를 수집하고 보고하는 데 도움이 되며, 이를 통해 이해관계자들(Stakeholders)에게 기업의 지속가능한 경영과 사회적 영향을 전달하고 있다.

GRI 보고서는 다양한 분야에서 사용되며, 기업의 지속가능성 보고서, 사회적 책임 보고서, 환경 보고서 등을 작성할 때 활용된다. GRI 표준 및 보고 기준은 3년마다 GRI가 만든 독립 기관인 GSSB(Global Sustainability Standards Board)에서 검토한다. 가장 최근의 GRI 보고 프레임워크는 2021년 10월에 발표되어 2023년 1월에 발효된 개정된 'Universal Standards'이다(위키피디아).

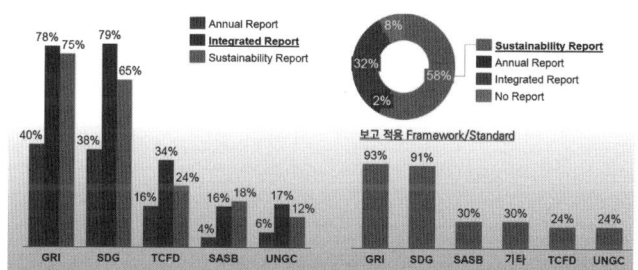

Initiatives applied when writing ESG reports around the world, 출처: 삼정 KPMG

2019년 포춘이 선정한 500대 기업 중 매출액 기준 상위 250개의 글로벌 기업의 '지속가능경영보고서' 작성률은 2020년 현재 96%에 육박하고 있다. 상당수 기업이 보고서를 작성할 때 GRI, SDGs, TCFD 등을 기반으로 하고 있다.

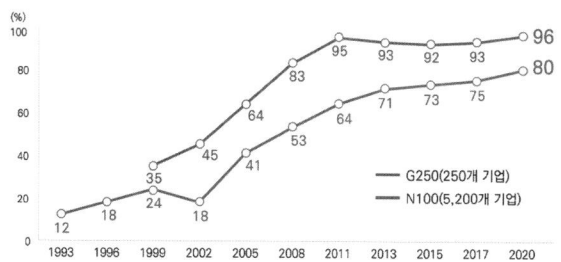

글로벌 지속가능경영보고서 보고율 증가 추이, 출처: 삼정KPMG(ESG경영 시대)

2) ISSB(International Sustainability Standards Board)

국제지속가능성기준위원회(International Sustainability Standards Board, ISSB)는 국제회계보고기준(International Financial Reporting Standards, IFRS) 재단이 설립한 정보공시 기준이다. 2021년 11월, 영국 글래스고에서 열렸던 제26차 유엔기후변화협약 당사국총회(COP26)에서 자본시장에서 세계적으로 통용될 수 있는 지속가능성 기준을 개발하기 위해 ISSB 설립을 발표하였다. ISSB의 설립 목적은 투자자 및 기타 자본시장 참여자들에게 기업의 지속가능성 관련한 리스크 및 기회에 대한 정보를 기반으로 의사결정을 내릴 수 있도록 지원하는 포괄적인 글로벌 기준을 제공하는 것이다.

그동안 국제 투자자들은 기후변화 등 다양한 ESG 분야의 이슈에서 점점 더 높은 수준의 투명하고, 신뢰성 있는 보고를 요구해 오고 있었는데 이 위원회의 설립으로 투자자들을 비롯한 자본시장의 구성원들이 기업의 지속가능성 관련한 리스크 및 기회들에 대해 적절한 정보를 받고 결정을 내릴 수 있게 되었다.

ISSB는 지속가능성 정보 공개의 국제표준 역할을 해왔던 기존의 이니셔티브(TCFD, SASB, GRI 등)들과의 통합 및 협업을 활발히 진행하면서 2022년 4월에 공시 기준 초안을 만들었다. 초안에 대한 전 세계 이해관계자로부터 다양한 의견수렴을 거쳐 2023년 6월 26일, 지속가능성 관련 재무정보(S1) 및 기후변화 관련된 기업의 위험과 기회에 대한 내용(S2)을 담은 최종안을 확정해 발표하였다. ISSB 공시 기준 발표는 다양한 ESG

공시 관련 프레임워크를 하나의 관리체계로 모아 통합했다는 점에서 의미가 있다.

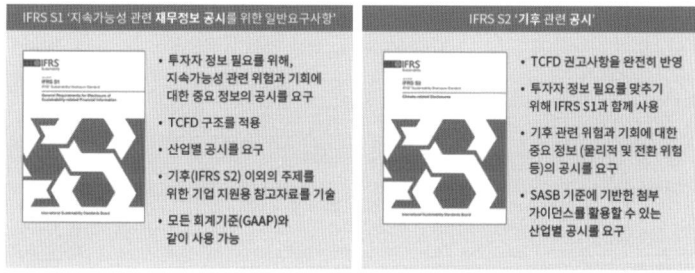

ISSB S1, S2 주요 내용 요약
* 자료 출처 : ISSB

그 결과 가장 광범위한 관심과 지지를 받는 ESG 공시 글로벌 기준이 되었고, 2025년부터는 ISSB 기준을 적용한 공시가 본격화될 것으로 예상된다.

3) SASB(Sustainability Accounting Standards Board)

지속가능성회계기준위원회(Sustainability Accounting Standards Board, SASB)는 미국 증권거래위원회(SEC)에 보고할 기업의 지속가능경영 정보공시 기준을 마련하는 것을 목적으로 2011년 설립된 비영리 단체이다. 영국의 가치보고재단(VRF) 산하 단체였다가 2022년 7월, 가치보고재단(VRF)이 IFRS(국제회계기준위원회)에 통합되면서 산하 단체인 SASB도 IFRS 재단 산하로 통합되었다. 지속가능성 위험 및 기회를 공개하기 위한 산업별 표준을 개발하는 표준 설정 조직이다.

SASB 기준은 현재 IFRS 재단 내 ISSB의 감독하에 있으며, 미국 상장기업을 대상으로 지속가능경영 정보(ESG 정보) 공개를 위한 가이드라인이다. 2018년 미국 지속가능성 회계기준위원회(Sustainability Accounting Standards Board)에서 제정하였다. 기준제정 과정에서 SASB 기준을 ISSB 기준에 통합할 예정이다. SASB 기준은 '지속가능산업분류체계(Sustainable Industry Classification System, SICS)'에 따라 분류된 총 11개 섹터, 77개 산업 기준과 동 산업 기준에 적용되는 'SASB 기준 적용 지침(SASB Standards Application Guidance)'으로 구성되어 있다.

4) ESRS(European Sustainability Reporting Standards)

유럽연합은 2017년 세계 최초로 비재무 정보 공개지침(Non-Financial Reporting Directive, NFRD)을 회원국에게 적용시켜 직원 500명 이상의 규모가 큰 상장기업, 보험회사 및 금융권 등에 환경과 사회에 미치는 영향인 비재무적 정보를 공시하도록 한 바 있다. 그리고 ESG 공시가 재무 정보에 관한 공시만큼 중요하다고 판단해 2021년 4월, 기업지속가능성보고지침(Corporate Sustainability Reporting Directive, CSRD)을 입안하였다.

2022년 11월 28일, EU Parliament(의회)와 EU Council(이사회)는 기존의 비재무 정보공시지침(Non Financial Reporting Directive, NFRD) 개정안인 기업지속가능성보고지침(Corporate Sustainability Reporting Directive, CSRD)을 최종 승인했다. 최종 통과된 기업지속가능성보고지침은 당초 EU 집행위원회가 제안했던 CSRD 초안에서 2022년 6월 적용대상 범위 및 내용을 확대·강화한 EU 이사회·의회 수정안으로써 EU 공식 관보에 게재

(2022.12.16.)되었고, 2023년 1월 6일부터 효력이 발생하였다. 규제 형태가 지침(Directive)인 만큼 이후 EU 회원국들은 18개월 이내에 CSRD 내용을 반영해 자국의 법률로 법제화해야 한다(법률신문:2022.12.21.).

CSRD 이행을 위한 핵심 체계와 방법론이 될 유럽지속가능성보고표준(European Sustainability Reporting Standards, ESRS) 작업은 유럽재무보고자문그룹(European Financial Reporting Advisory Group, EFRAG)이 착수하여 2022년 8월에 초안이 마련되었고, 추가적으로 EU 집행위원회의 수정을 거쳐 2023년 6월 15일에 그 수정안이 공개되었다(법률신문: 2023.7.18.). CSRD가 지속가능경영보고서 의무화 채택의 근거가 되는 법률이라면, ESRS는 보고서 내의 기업이 공시할 정보의 범위와 기준이라 할 수 있다.

ESRS은 기업의 지속가능성 공시를 위한 일반 원칙과 환경(5개), 사회(4개), 거버넌스(1개) 관련 공시 주제를 담고 있다. 또한, 특징 중의 하나는 '이중 중대성 평가' 방식을 채택했다는 것이다. 사회·환경이 기업에 미치는 영향을 파악하는 '재무적 중요성'과 기업이 사회·환경에 미치는 영향을 파악하는 '영향 중대성'을 동등하게 고려한다는 개념이다. 따라서 기업은 ESRS에 맞춰 공시하기 전에 재무적 중대성과 영향 중대성을 모두 고려해 이중 중대성 평가를 필수적으로 선행해야 한다. ESRS은 2023년 6월에 공표한 ISSB 기후 부문(IFRS2)을 포괄하며 EU 회원국은 2024년 7월 6일까지 자국 법률에 CSRD 내용을 반영하고, 시행해야 한다.

출처: 대한상공회의소

삼일PwC에 따르면 국내 유가증권 시장 시가총액 상위 100대 기업 중 30% 이상이 공시 조건에 해당하는 자회사를 EU에 두고 있고, EU 및 미국과 같은 주요 선진국들이 기후변화 대응, 저탄소 사회로 나가기 위해 기업의 ESG 공시 의무를 대폭 강화하는 추세이다. 따라서 EU의 강화된 공시제도는 EU 역내에서 활동하고 있는 우리 해외법인이나 글로벌 공급망에 편입된 국내 기업에 상당한 영향을 미칠 것으로 전문가들은 전망하고 있다.

(2) 기후변화 가이드라인

1) TCFD(Task Force on Climate-related Financial Disclosure)

국제적으로 잘 알려진 이니셔티브는 기후변화 관련 재무공개 협의체

(Task Force on Climate-related Financial Disclosure, TCFD)이다. TCFD는 환경, 기후변화 이니셔티브로서 기후변화가 금융과 기업에 중대한 영향을 미치고 금융기관의 자산 건전성 부실과 이로 인한 금융위기 초래 가능성이 커짐에 따라, 이를 방지하기 위해 G20이 금융안정위원회(FSB)에 의뢰하여 2015년 11월에 TCFD를 설립하였다. TCFD 권고안은 기후변화 재무 정보공시의 기본 프레임워크(공시체계)를 제공하고 있다. 기후변화와 관련한 기업의 거버넌스 전략, 리스크 관리, 정량적 지표와 목표 공개를 요구하고 있다.

2016년 12월, 재무 보고서(Financial Reporting)를 통한 기후변화 관련 정보공개 프레임워크(공시체계)를 담은 권고안 초안을 발간하였다. 최종 보고서는 2017년 7월, 독일 본에서 개최된 G20 정상회담에서 G2에 전달되었다. 정상회담에 앞서 모건스탠리, 바클레이스, HSBC, 무디스, S&P 등 전 세계 100개 이상의 금융기관, 신용평가사, 증권거래소, 기업 등이 TCFD의 권고안 도입에 대한 지지 서명에 참여하여, '기후변화 재무 정보공시' 도입을 촉구하기도 하였다. 유럽연합도 비재무 정보의무 공시 제도 가이드라인을 통해 기후변화 정보공시를 TCFD의 권고안을 적용하도록 하고 있다.

2) CDP(Carbon Disclosure Project)

탄소정보공개프로젝트(Carbon Disclosure Project, CDP)는 영국에서 설립된 비영리 기구로서 전 세계 100여 개국에서 저탄소의 지속가능한 사회의 기반을 만들어가는 글로벌 기후변화 프로젝트다. 2022년 기준 2만여

개 기관이 CDP를 통해 온실가스 배출량, 기후변화에 따른 위기와 기회, 탄소 경영전략 등의 정보를 공개하고 있다. 현재 주요 연기금을 포함한 약 827개(운영자산 100조 달러)의 금융기관이 CDP 서명 기관으로 참여하여 기업의 기후변화 정보를 요청하고 있다.

투자기관들은 CDP를 통해 기업이 공개한 정보를 바탕으로 기업에 대한 투자 여부를 결정할 수 있으며, 기업은 CDP에 참여함으로써 단순히 탄소 관리를 넘어 탄소 경영을 위한 아젠다를 수립하는 데 도움을 얻을 수 있다. CDP 한국위원회는 CDP Climate Change Program의 기업 응답(CDP Company Response)에 대한 투자자와 이해관계자들의 신뢰성을 더욱더 높이고자 2017년부터 'CDP 보고서'에 대한 검증제도를 도입하였다.

3) SBTi(Science Based Targets initiative)

과학기반감축목표 이니셔티브(Science Based Targets initiative, SBTi)는 과학에 기반한 최초의 국제표준이다. 자원연구소(WRI), 탄소정보공개프로젝트(CDP), 유엔 글로벌 콤팩트(UNGC), 세계자연기금(WWF) 등이 협력하여 과학적 데이터 기반의 온실가스(GHGs) 배출감축을 목표로 2015년에 설립되었다. 2015년 파리기후변화협약 목표*를 달성하기 위해 기업 및 금융기관의 탄소 감축 목표에 대해 과학적 방법에 기반한 측정과 계획 실행을 요구하는 환경, 기후변화 이니셔티다. 기업들이 설정한 탄소 저

---

* 산업화 이전 대비 지구 평균기온 상승을 2℃보다 상당히 낮은 수준으로 유지키로 하고, 1.5℃ 이하로 제한하기 위한 노력을 추구

감 목표에 대해 기관의 검증을 통해 공신력을 부여하는 역할을 한다. 그만큼 투자자를 비롯해 다양한 이해관계자들의 환경 정보에 대한 요구가 증가하고 있기 때문이기도 하거니와, 탄소중립(Net-Zero) 비즈니스 모델 전환을 통해 기업의 새로운 미래 경쟁력을 강화할 기회가 될 수 있기 때문이다.

SBTi의 목표 기준은 기후변화에 관한 정부 간 협의체(IPPC)에서 제시한 기후 과학에 근거한다. 또한, IPPC에서 요구한 것처럼 SBTi도 1.5도 달성을 위해서는 2050년 이전 장기적 탄소중립(Net-Zero)뿐만 아니라 2030년 전후를 목표 연도로 하는 단기적 목표 수립을 요구하고 있다. SBTi의 목표 승인 기업은 2020년 495개, 2023년 12월 기준 4,205개로 폭증했으며 이중 미국(455개)과 유럽(2,210개)이 과반을 차지하는 것으로 나타났다(한경ESG 2024.2.). SBTi는 목표 승인을 받으면 CDP나 지속가능경영보고서, 홈페이지 등을 통해 매년 탄소 배출량을 공개하도록 요구하고 있다.

또한, SBTi에 가입하면 2년 이내에 온실가스 배출 감축 목표를 설정한 후 공개해야 한다. 온실가스 감축 목표는 제품 생산단계에서 발생하는 직접 온실가스 배출(Scope 1)과 간접 온실가스 배출(Scope 2)뿐만 아니라 기업 가치사슬 내 온실가스 배출(Scope 3)까지 포함한다. SBTi는 2022년 현재, 4,531개의 글로벌 기업 및 기관이 참여하고 있으며, 한국은 현재 31개의 기업이 참여하고 있다(ESG경영은 이것이다. 2024).

4) 미국증권거래위원회(SEC)의 '기후위험 관련 정보공시'

2022년 3월 21일, 미국증권거래위원회(SEC)는 상장회사의 비즈니스 또는 연결 재무제표에 중대한 영향을 미칠 것으로 예상되는 '기후위험 관련 정보공시'를 의무화하는 새로운 규칙을 제안했다. 제안된 규칙은 기후 관련 위험이 기업에 미치는 영향, 특히 운영 과정 및 공급사슬에서 발생한 온실가스 직·간접 배출량에 관하여 공시한다는 내용을 포함하고 있다.

재무 성과에 영향을 미칠 수 있는 정보가 일관성 있고 비교할 수 있도록 정보공개가 확대되어야 한다는 투자자들의 요구가 높아지고 있는 만큼 이에 대한 SEC의 역할 필요성을 강조하면서 본 규칙안이 최종적으로 통과되었다. 이 규칙안은 증권신고서(Registration Statement)와 'Form 10-K'나 'Form 20-F'와 같은 정기 보고서에 공시하도록 하고, 공시 내용 중 일부는 기후변화 관련 재무공개 협의체(TCFD) 프레임워크(공시체계)에 기반할 것을 요구하고 있다. 이 규칙안은 미국 내 기업과 미국에 상장된 해외 기업에도 적용된다.

IFRS 재단 산하의 ISSB에서도 지속가능보고서에 기후 관련 내용을 포함하는 방안을 발표하였고, 유럽연합도 유럽 지속가능성 보고 기준을 발표하면서 전 세계적으로 기후 관련 공시를 확대하는 추세이다.

글로벌 ESG 이니셔티브

분야	명칭	설립 연도	특징	역할
기후 변화	SBTi (과학 기반 감축 이니셔티브)	2015년	금융 자산의 2도 시나리오 기반 감축 목표에 따라 출범	파리협정 목표에 부합하는 온실가스 감축 목표를 위한 지침과 방법론 제공
	TCFD (기후 관련 재무 정보 공개 태스크포스)	2015년	G20 재무장관과 중앙은행장 회의가 만든 이니셔티브	재무 공시 자료를 쉽게 적용할 수 있는 정보 공개 프레임워크 개발
	CDP (탄소 정보 공개 프로젝트)	2000년	기후 변화 관련 정보 공개 플랫폼	전 세계 9600여 개 기업의 기후 변화 대응 및 환경 경영 관련 정보공개 요구
지속 가능성	GRI (글로벌 보고 이니셔티브)	1997년	지속 가능성 보고를 위한 글로벌 프레임워크	전 세계 1만5402개 조직이 GRI 가이드라인에 따라 지속 가능 경영보고서 발간
	SASB (지속가능회계기준위원회)	2011년	'미국 증권거래위원회(SEC)'에 제출할 기업의 비재무 평가 지표 개발을 위해 설립	지속 가능성 보고에서 재무적 성과와 연계된 ESG 요소를 중심으로 간결한 세부 지침 제공
	Un SDGs (지속 가능 발전 목표)	2015년	지속 가능 발전의 이념을 실현하기 위한 인류 공동의 17개 목표	유니레버·파타고니아 등 지속 가능 경영 선두 주자들은 목표 설정에서 이 지표를 활용
	GSIA (글로벌지속가능투자연합)	2014년	유럽, 호주, 캐나다, 영국, 미국, 일본, 네덜란드의 지속가능투자연합 기관들이 설립한 조직	ESG 투자 방법론을 7가지로 제시, '포지티브 스크리닝' 방식이 주류로 자리매김
인권	RBA (책임감 있는 산업 연합)	2004년	글로벌 전자 산업 분야의 이니셔티브	삼성전자, 삼성디스플레이, 애플, 인텔 등 160여 개 회원사 및 공급망에서 지정된 규범 이행

출처: 매거진 한경 2021.4.

 # 지속가능경영보고서 및 제3자 인증

(1) 지속가능경영보고서 현황

ESG행복경제연구소가 국내 시가총액 200대(2022년 12말 기준)에 속한 기업들이 2023년 12월 말까지 공개한 지속가능경영보고서(2022년 실적분)에 대해 조사·분석한 결과를 발표(2024.1.8.)한 바에 의하면, 2023년 보고서 발간기업은 조사대상의 83%에 해당하는 166개사로 2022년 154개사 대비 기업 수 12개사, 공시율 6%p가 각각 증가한 것으로 나타났다.

업종별 지속가능경영보고서 발간 현황

업종	대상기업	발간기업	공시율(%)	업종	대상기업	발간기업	공시율(%)
IT·반도체	15	12	80.0	자동차부품	8	7	87.5
건설·조선	12	12	100	전기·전자	16	12	75.0
금융지주	9	7	77.8	전문기술	13	8	61.5
물류·무역	17	17	100	제약·바이오	18	13	72.2
보험	5	5	100	비금융지주사	20	16	80.0
식음료	10	9	90.0	철강·기계	6	6	100
엔터·전문서비스	11	9	81.8	화학·장업	32	26	81.3
은행·증권·카드	8	7	87.5	전체	200	166	83.0

출처: ESG행복경제연구소

또한, 2023년 지속가능경영보고서를 발간한 기업 중 ESG 글로벌기준인 SDGs, GRI, SASB, TCFD 중 4개 모두를 채택한 기업 수는 111개사, 3개 활용은 29개사, 2개 활용은 15개사, 1개 활용은 6개사, 5개사는 보고서 작성에 별도의 기준을 채택하지 않은 것으로 조사됐다. 글로벌 ESG 공시 기준 전체 활용도는 GRI 96.4%, SASB 84.9%, SDGs 82.5%, TCFD 77.7% 순이다. 다만, 업종별 특성에 따른 활용도 차이와 기업 규모에 따라 적용 수준 차이가 있으나, ISSB 공시 기준이 TCFD 권장안을 핵심기반으로 하고 있고, SASB 기준과의 통합을 감안할 때 향후 TCFD와 SASB 기준을 활용한 보고서 작성이 늘어날 것으로 전망되고 있다.

지속가능경영보고서 글로벌 기준 활용 현황

업종	UN SDGs	활용도(%)	GRI	활용도(%)	TCFD	활용도(%)	SASB	활용도(%)
IT·반도체	10	83.3	12	100	9	75.0	12	100
건설·조선	10	83.3	12	100	12	100	12	100
금융지주	7	100	7	100	7	100	7	100
물류·무역	15	88.2	15	88.2	13	76.5	14	82.4
보험	4	80.0	5	100	5	100	4	80.0
식음료	8	88.9	8	88.9	6	66.7	8	88.9
엔터·전문서비스	3	33.3	8	88.9	3	33.3	7	77.8
은행·증권·카드	7	100	7	100	5	71.4	6	85.7
자동차부품	6	85.7	7	100	7	100	7	100
전기·전자	10	83.3	12	100	11	91.7	12	100
전문기술	7	87.5	7	87.5	5	62.5	6	75.0
제약·바이오	10	76.9	12	92.3	6	46.2	9	69.2
비금융지주사	13	81.3	16	100	13	81.3	13	81.3
철강·기계	5	83.3	6	100	5	83.3	5	83.3
화학·장업	22	91.3	26	95.7	22	82.6	19	73.8
전체	137	82.5	160	96.4	129	77.7	141	84.9

출처: ESG행복경제연구소

지속가능경영보고서(ESG 보고서)는 기업의 ESG경영 활동 투명성과 신뢰성을 제고시켜, 기업의 가치를 높이고 긍정적 이미지 창출로 매출 성장을 견인하는 등 기업의 경쟁력을 높이고, 지속가능한 투자 유치와 금융 거래에 긍정적인 역할을 할 수 있다. 한마디로 기업의 ESG경영 현황과 성과에 관해 투자자를 비롯한 주요 이해관계자와 체계적으로 공유하는 커뮤니케이션 수단이라 할 수 있다.

또한, 기업의 환경, 사회, 지배구조에 대한 정보 제공으로 향후 기업 주도의 리스크 관리에도 도움을 줄 수 있고, 보고서를 통해 지속가능성 향상 및 경쟁우위 확보 달성에 중추적인 역할을 할 수 있다.

애플을 비롯한 글로벌 대기업들은 자사 공급망에 있는 협력사에 대해 ESG경영을 요구하고 있다. 예컨대, 애플은 2030년까지 300개 이상의 협력업체가 애플에 공급할 부품을 100% 재생에너지(RE100) 전력으로 생산하기로 했다고 밝힌 바 있다. 삼성전자는 신규 협력사를 선정할 때 환경(Enviornmental), 안전·노동인권(Social) 등의 영역 평가를 시행하고 있다. LG전자 역시 협력사 제품 및 부품에 포함된 주요 광물의 채굴과정에서 노동인권(Social) 침해, 환경(Enviornmental) 훼손을 유발하는 광물을 사용하지 않도록 원산지 모니터링을 실시하고 있고, 포스코는 ESG경영을 실천하는 기업을 신규 공급사로 선정하고 있다.

결국 글로벌 대기업과 공급망 내에 있는 삼성전자를 비롯한 국내 기업군들도 ESG는 피할 수 없는 상황이다. 따라서 이들 국내 KGTPG 공급망 내에 있는 중소·중견 기업들은 ESG경영을 자발적으로 시행하지 않더라도, 원청사들이 ESG경영 또는 평가 결과를 요구할 경우 공급망 ESG 관리 차원에서 그 요구를 피할 수 없는 게 현실이다. 이제는 ESG 기준에 못 미치는 기업들은 투자 대상이나 신규 거래 대상에서조차 제외되는 일들도 벌어지고 있다. 이런 상황이라면 중소·중견기업도 ESG 경영과 지속가능경영보고서 발간은 생존이 걸린 문제라 할 수 있다(인천일보, 2024. 1. 14.).

(2) 제3자 검증

아울러 ESG경영 보고서는 제3자 검증이 필요한 보고서로써 전문 인증 기관을 통해 해당 보고서의 신뢰성을 보증받는 것 또한 중요하다. 전 세계적으로 지속가능보고서의 제3자 인증은 아직 의무 사항은 아니다. 유럽의 국가에서도 프랑스, 스페인, 이탈리아는 ESG 정보 인증이 의무화되어 있으나, 미국과 한국은 ESG 정보공시가 아직 의무사항이 아니기에 ESG에 관심이 높은 기업들 중심으로 자율 공시를 하고 있는 상황이다. 하지만 ESG경영 보고서의 신뢰성과 투명성 제고를 위해 전문기관(제3자 검증기관)의 인증을 받는 기업이 늘어나는 추세이다. 이는 기업의 재정상태 및 경영 실적을 보고하는 내용의 문서인 회계보고서에 대해 회계법인으로부터 회계감사를 받는 것과 유사한 맥락이라 할 수 있다. '제3자 검증기관'이란, 보고서가 자의적으로 쓰인 것이 아니라 국제 표준 검증 기준에 따라 정확하게 작성됐다는 것을 인증해 주는 기관을 말한다. 통상 지속가능경영 보고서의 마지막 페이지에 '제3자 검증의견서'가 들어간다.

지속가능경영보고서(ESG경영 보고서)에 대한 주요 검증 표준으로는 글로벌 지속가능성 표준 제정 기관인 영국의 비영리단체 어카운터빌리티(AccountAbility)가 제정한 'AA1000AS, AA1000AP'와 국제회계사연맹(IFAC) 산하 국제감사인증기준위원회(IAASB)가 만든 'ISAE3000'이 있다. 국내에서는 'AA1000AS'가 많이 쓰이고 있다 한다. AA1000AS는 지속가능경영의 글로벌 가이드라인 GRI를 비롯해 기후변화 관련 재무 정보 공개 태스크포스(TCFD)와 미국 지속가능성 회계기준위원회(SASB) 등 다양한 지속가능경영보고서 표준 프레임워크에 적용된다.

2023년 11월, 백태영 국제지속가능성기준위원회(ISSB) 초대위원은 제3자 인증이 의무화된다면 향후 인증 기준으로는 국제감사인증기준위원회(IAASB)의 기준이 채택될 것으로 전망하고 있다. IAASB가 국제적 회계감사 기준을 만든 기관이고, 국제증권관리위원회기구(IOSCO)가 이 기준 사용을 권고할 것이라는 이유에서이다. 전 세계적으로 보면 ISAE3000을 많이 쓰고 있는데, 이는 국제회계기준(IFRS)과 호환되는 부분이 많기 때문이다.

국제회계사연맹(IFAC)이 2015년부터 2020년까지 인증을 받은 보고서 541건(92%)을 조사한 바에 의하면 회계법인이 인증한 30건 중 96%가 ISAE3000과 AA1000AS를 혼용했고, 회계법인 외 기관에서 인증한 511

건 중 74%는 AA1000AS를 단독 적용한 것으로 나타났다.

AA1000AS 기준은 포괄성, 중대성, 대응성, 임팩트 등 4대 원칙으로 구성되어 있다. 즉, 이해관계자를 포함하는지, 주요 이슈를 포함하는지, 이해관계자의 관심에 대응하고 있는지, 기업경영 활동을 스스로 모니터링하고, 측정하는지를 중점적으로 확인한다. 자료 수집의 범위에 따라 '높음(high)'과 '보통(moderate)'으로 나뉘고, type 1과 2로 인증 업무를 구분하고 있다.

ISAE3000의 경우 ISAE의 여러 기준 준수, 윤리적 요구사항, 품질관리, 전문가적 판단과 의심, 업무 계획과 수행, 증거 수집, 정보의 획득과 활용 및 적용 기준에 대한 설명 등을 포괄적으로 고려한다. 전문 회계사에 준하는 윤리적 사항 준수를 요구해 사실상 회계법인만이 기준에 따른 검증을 수행할 수 있는 것이 특징이다.

2021년 6월, 국제회계사연맹의 조사에 따르면, 각국의 상위 50대 기업 중 약 91%가 지속가능경영보고서를 공시하고 있다. 이 중 51%가 제3자 인증을 받았으며, 인증 업무의 63%를 회계법인이 수행한 것으로 나타났다. 회계법인의 인증 비율은 한국과 미국은 낮고, 유럽은 높은 편으로 나타났다.

 ESG 관련 ISO 인증

ESG와 ISO(International Organization for Standardization)는 밀접한 관계가 있다. ISO 인증은 '전 세계 공통으로 제정한 품질과 환경 시스템 규격'으로, 품질경영시스템의 국제규격으로 제품이 유지되고 관리되며 환경친화적인 방침을 토대로 기업을 경영할 경우 이 인증을 받을 수 있다. 우리나라에서는 1992년부터 시행하고 있다.

ESG 관련 ISO 인증은 국제표준화기구(ISO)가 제정한 표준에 따라 기업이나 조직의 환경, 사회, 지배구조 관리에 대한 우수한 실행과 성과를 인정받는다는 것을 의미한다. 따라서 이러한 인증제도는 기업의 지속가능경영과 사회적 책임을 다하게 하고, 이해관계자들에게 신뢰를 제공할 수 있는 수단이라 할 수 있다.

먼저 'ISO 14001(환경경영시스템)'이다. 모든 산업 분야 및 활동에 적용할 수 있는 환경경영시스템에 관한 국제규격이다. ISO 기술위원회(TC 207)에서 제정한 환경경영체제에 관한 국제표준인 'ISO 14000 시리즈' 중 하나이다. 국제표준인 ISO 14000 시리즈에는 환경경영체제(ISO

14001), 환경감사(ISO 14010 Series), 환경 라벨링(ISO 14020 Series), 환경성과평가(ISO 14030 Series), 전과정평가(ISO 14040) 등의 환경경영 규격 시리즈가 있는데, 이중 ISO 14001이 가장 중요하게 여겨지고 있다.

출처: ISO 홈페이지

1992년 리우 지구정상회의를 계기로 환경적으로 건전하고 지속가능한 개발을 달성하기 위한 실천적 방법론으로 '환경경영'이 새로운 기업경영 패러다임으로 등장하였다. 이는 기업에게 경제적 수익성뿐만 아니라 환경적 지속가능성을 포괄하는 경영전략 도입을 강력히 요구하는 것이다. ISO 14001은 일부 환경담당자들에 의해 운영되어 오던 기존의 관리 방식을 탈피하여 전 직원의 참여를 통해 사전에 환경 문제를 관리하는 시스템적 접근 방법으로, 기업은 ISO 14001 인증을 통해 경제적 이윤 창출과 환경 성과 개선이라는 두 가지 효과를 동시에 누릴 수 있다.

두 번째, 'ISO 45001(안전보건경영시스템)'이다. 이것은 기업이 근로자의 안전과 건강을 보호하고 관리하기 위한 시스템을 구축하였을 때 받을 수 있는 인증제도이다. 최근 '중대재해 처벌 등에 관한 법률(중대재해처벌법)' 관련하여 기업을 비롯해 사회적 관심이 급증하고 있는 분야라 할 수 있다. 근로자의 안전, 보건 경영은 사회(Social) 분야에서 핵심 이슈 중의 하나라 할 수 있다.

세 번째, 'ISO 50001(에너지경영시스템)'이다. 이것은 조직이 구축·운영하는 에너지경영시스템에 대하여 공인기관이 에너지경영시스템(EnMS, Energy Management System) 표준 요구사항 이행에 대한 제3자 적합성을 평가하고 인증하는 제도이다. 조직(기업)이 원가 절감을 위해 에너지 효율 향상 활동을 통합적이고, 체계적인 경영전략으로 구축하여 전사적이고, 지속적으로 추진할 수 있는 기술 측면과 경영 측면이 조화된 에너지 관리 시스템 표준이다.

네 번째, 'ISO 27001(정보보안경영시스템)'이다. 이것은 영국의 BSI(British standards institute)에서 제정한 BS 7799를 기반으로 구성된, 일종의 보안 인증이자 보안 프레임워크이다. ISO 27001은 2005년 10월에 제정한 국제표준이다. 예컨대, 어떤 기업이 ISO 27001 인증을 획득했다고 하면 이는 ISO 27001에서 제시한 프레임워크에 따라 회사의 위험을 관리하고, 이를 개선해 나가는 체계를 갖추었다는 것을 의미한다. 즉, ISO 27001 인증은 정보 보호 정책, 접근 통제, 침해사고 대응 관리를 포함한 93개 세부 점검 항목을 만족하는 것을 의미한다. 하지만 이것이 보안 수준의 향상과 항상 직결되는 것은 아니다. (출처: 네이버 지식백과)

다섯 번째, 'ISO 26000(사회적 책임)'이다. 이것은 지속가능한 발전을 위해 ISO가 추진하고 있는 사회적 책임(Social Responsibility) 가이던스이다. 사회적 책임이란 조직의 결정과 활동이 사회와 환경에 미치는 영향에 대해 가져야 하는 책임으로 정의하고 있다. ISO 26000(사회적 책임)은 미국 에너지 기업 엔론의 회계 부정 사건과 나이키의 아동학대 등을 계기로 국제사회에서 논의가 시작돼 2010년에 제정되었다. 모든 형태의 조직들이 사회적 책임을 실현함으로써 지속가능한 발전에 기여하는 것을 목적으로 하고 있다. 기업은 물론 정부와 NGO에 지배구조 개선, 인권 신장, 노동 관행 개선, 환경보호와 공정거래 등을 통해 소속 사회에 도움이 되도록 노력할 것을 요구하고 있다. 세계인권선언, 국제노동기구(ILO) 협약, 기후변화협약, 유엔 소비자 보호지침 등 각종 국제 지침을 총망라한 행동 지침 안내서라 할 수 있다. 다만, ISO26000은 인증(Not for certification) 관리 시스템에 관한 표준은 아니다.

여섯 번째, 'ISO 37001(부패방지경영시스템)'이다. 이것은 조직의 부패 방지를 위해 2016년 국제표준화기구(ISO)가 국제사회와의 합의를 바탕으로 구축한 반부패 경영시스템 표준을 말한다. 조직에서 반부패 경영시스템을 수립, 실행, 유지 및 개선을 달성하기 위한 요구사항을 규정하고 있다. 1966년 미국의 해외부패방지법(Foreign Corrupt Practices Act, FCPA)과 2010년 영국의 뇌물방지법(Bribery Act) 등이 등장하며 전 세계적으로 부패 방지에 대한 글로벌 가이드라인의 필요성이 대두됐다. 이에 국제표준화기구(ISO)가 2016년 10월 영국의 BS10500을 토대로 부패 방지경영시스템의 국제표준 가이드라인으로 ISO37001을 채택·공표하였다. (출처: 네이버 지식백과)

마지막으로, 'ISO37301(준법경영시스템)'이다. 이것은 조직이 수행해야 할 준수 의무를 식별하고 이행하여 장기적으로 사회적 책임의 가치를 높임과 동시에 지속가능한 기업으로 발전하기 위한 효과적인 준법경영 시스템을 수립, 개발, 실행, 평가, 유지, 개선에 대한 요구사항을 정의한 국제표준이다. 2021년 4월, 기존의 ISO 19600을 대체하는 표준으로 제정되었다. 조직의 컴플라이언스 프로세스를 효율적으로 관리하고 지속적으로 개선하는 데 필요한 지침을 제공하고 있다. 기업 및 기관의 윤리의식과 법 준수에 대한 책임과 의무가 강도 높게 요구되고 있는 시점에서, 기업이 지속가능한 성장을 하기 위해서는 임직원의 법규 준수에 대한 의지를 표명하고, 미준수로 인한 리스크를 예방 및 최소화하기 위한 체계적 활동이 필수적 요소로 되고 있다. (출처: 한국표준협회)

ESG	ISO(국제표준화기구)
Environmental	· ISO14001(환경경영시스템) · ISO50001(에너지경영시스템)
Social	· ISO45001(안전보건경영시스템) · ISO26000(사회적책임시스템) · ISO27001(정보보안경영시스템)
Governance	· ISO37001(부패방지경영시스템) · ISO37301(준법경영시스템)

그동안 기업의 ESG경영 성과

2023년 12월 14일, 한국경제인협회가 〈2023 K기업 ESG 백서〉를 발표하였다. 본 백서는 매출액(연결 기준) 200대 기업 중 2023년 지속가능경영보고서를 발간한 162개 기업의 지속가능경영보고서를 분석하고, ESG경영 모범사례를 수록하였는데 핵심 내용을 살펴보면 다음과 같다.

먼저 200대 기업 중 'ESG위원회'가 설치된 기업이 92.0%를 차지했다. ESG 전담 조직과 별도로 전사적 ESG 협의체를 운영 중인 기업의 비중도 74.1%(120개사)였다. 또한, 기업에 중요한 ESG 이슈를 파악하고 적절한 ESG 전략 수립을 위해 중대성 평가(기업의 ESG 이슈를 체계적으로 식별, 관리하여 여러 ESG 이슈 중 기업에 어떤 이슈가 가장 중요한지 평가를 수행하는 절차)를 시행하는 기업이 96.3%(156개 사)에 이르러, 주요 기업들은 체계적인 ESG경영을 위해 적극적인 행보를 보이는 것으로 나타났다.

ESG 관련 조직 및 중대성 평가 실시 현황

ESG 위원회		전사적 ESG협의체 운영	중대성 평가 실시 기업
설치 기업	평균 인원		
92.0%	4.2명	74.1%	96.3%

*n=162

또한, 국내·외 ESG 관련 제도화가 추진되고 있는 가운데, 지속가능경영보고서 발간, ESG위원회 설치, ESG경영 전략 수립, 중대성 평가 등을 통해 기업들은 체계화된 ESG경영을 추진하고 있는 것으로 나타났다.

지속가능경영보고서 관련 현황

보고서 발간기업	제3자 인증	보고서 작성 시 주요 국제기준 활용 현황							
		기준별 활용 비율				활용 기준 수			
		GRI	SASB	UNSDGs	TCFD	4개	3개	2개	1개
81.0%	95.7%	98.1%	87.0%	85.2%	82.1%	72.2%	14.2%	8.6%	3.7%

* 매출액(연결기준) 200대 기업 중 지속가능경영보고서가 있는 162개사 분석

특히, 한국거래소(KRX) ESG 포털에 등록된 지속가능경영보고서 기준으로, 2021년 78건, 2022년 131건, 2023년 161건 등 자발적으로 지속가능경영보고서를 작성하고 있는 기업이 지속해서 증가하는 것으로 나타났다.

지속가능보고서는 2023년 6월, ISSB의 ESG 국제 공시 기준이 발표되고, 2024년부터 EU의 '공급망 실사 지침'이 발효되는 점을 고려하여, 우리나라의 'ESG 공시 의무화'는 2023년 10월, 금융위원회가 당초 2025년에서 2026년 이후로 연기한다고 발표한 바 있다.

따라서 현재 기업의 지속가능경영보고서 발간은 의무사항은 아니다. 하지만 많은 기업이 자발적으로 지속가능경영보고서를 발간해 ESG경영 활동을 공개하고 있으며, 보고서의 신뢰성을 높이기 위해 GRI, SASB, TCFD 등 국제기준을 기반으로 작성한다든가, 제3자 인증을 통해 ESG경영 내재화를 위해 적극 노력 중인 것으로 나타났다.

분야별로 살펴보면, 우리나라 기업이 직면한 ESG 이슈는 환경 분야가 가장 많았고(41%), 이어 사회(37%), 경제·거버넌스(22%) 순으로 나타났다. 분야별 세부 중요 이슈를 살펴보면, 환경 분야에서는 '기후변화 대응전략 수립(40.0%)', 사회 분야에서는 '안전·보건 관리(34.6%)', 거버넌스 분야에서는 'ESG 거버넌스 구축, ESG경영 추진 (41.3%)'을 가장 중요하게 생각하는 것으로 나타났다.

우리 기업이 선별한 지속가능경영 주요 이슈

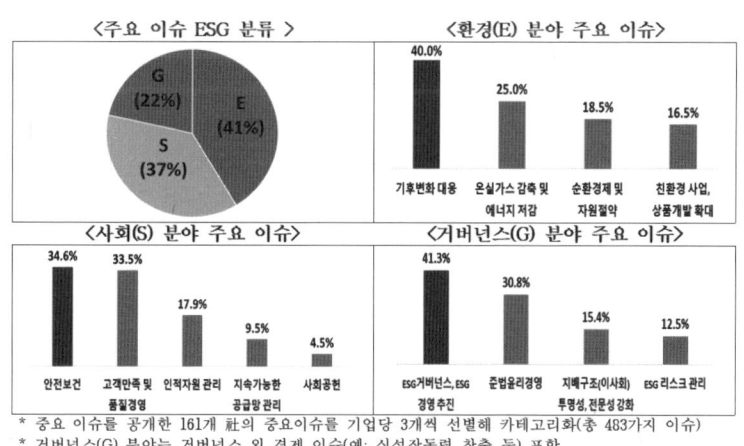

* 중요 이슈를 공개한 161개 社의 중요이슈를 기업당 3개씩 선별해 카테고리화(총 483가지 이슈)
* 거버넌스(G) 분야는 거버넌스 외 경제 이슈(예: 신성장동력 창출 등) 포함

한편, 기업들은 경영 성과지표에 ESG 요소를 적극 활용·반영하고 있고, 임직원·협력사 등 구성원들에게 ESG 마인드를 심어주기 위해 ESG 관련 교육을 강화해 기업 내·외부 구성원들에게 ESG 가치를 인지시키거나 협력사 ESG 평가 강화, 협력사 ESG경영 지원 등 공급망 범위에서도 ESG경영 추진과 가치 확산을 위해 힘쓰고 있는 것으로 나타났다. 특히, 경영진 및 조직의 KPI(Key Performance Indicator)에 ESG 요소를 반영

한 기업이 76.0%(120개 사)에 달해, 대다수 기업이 ESG경영 내재화에 심혈을 기울이고 있는 것으로 보인다.

임직원 및 협력사에 대한 ESG 가치 내재화 노력

경영진	임직원			협력사		
KPI에 ESG요소 반영	준법·윤리경영 교육 참석자 수 (기업당 평균 참석인원)			ESG평가 받는 협력사 수 (기업당 평균 ESG평가 협력사 수)		
	2020년	2021년	2022년	2020년	2021년	2022년
76.0% (123개사)	4,471명	5,106명	5,497명	230	268	378

*준법·윤리교육 : n=124, 온오프라인 교육 포함, / 협력사 ESG평가현황: n=81

기업의 이런 자발적이고 적극적인 ESG경영 활동 추진으로 ESG 관련 일부 성과도 가시화되고 있다. 환경 분야에서는 2022년 주요 기업들의 온실가스 배출량은 전년 대비 2.1% 감소하였고 재생에너지 사용 비율(재생에너지 사용량/전체 에너지 사용량)도 2021년 5.2%에서 2022년 7.3%로 2.1%P 증가하였다. 조사 대상 중 RE100(Renewable Electricity 100%: 기업이 사용하는 전력의 100%를 재생에너지로 충당하고자 약속하는 글로벌 캠페인) 가입 기업도 2020년 5개 기업에서 2023년 상반기 38개 기업으로 증가하는 등 기업들이 탄소중립을 위해 적극적인 움직임을 보이고 있다.

사회 분야에서는 여성 이사 할당제가 2022년 8월에 시행되고, 조직문화에서 DEI(다양성·형평성·포용성)를 중시하게 되면서, 주요 기업의 여성 임원 비율은 2020년 5.0%, 2021년 5.6%, 2022년 7.5%로 2년 연속 증가한 것으로 조사됐다.

주요 기업의 3개년 환경적·사회적 성과

	2020년	2021년	2022년	20-21 증감(률)	21-22 증감(률)
온실가스 배출량	275,607	288,786	282,610	4.8%	△2.1%
재생에너지 사용 비율	4.0%	5.2%	7.3%	1.2%p	2.1%p
여성임원 비율	5.0%	5.6%	7.5%	0.6%p	1.9%p

*온실가스 배출량(Scope1+2): n=147, 연결기준(데이터가 공개된 사업장 범위에 한함)
*재생에너지 사용비율: n=92, 재생에너지사용량/전체 에너지사용량 비율
*여성임원 비율 : n=126
*단위: 천tCO2eq, %, %p.

조직심리학자이자 DEI(다양성·형평성·포용성) 전문가인 엘라 F. 워싱턴은 자신의 저서《다정한 조직이 살아남는다》에서 "포용적인 조직문화에서 혁신의 가능성이 6배나 높아지며, 직원의 다양성을 지지하며 공평하게 존중할 때 회사가 성장하고 조직은 강해진다"고 강조하였다. 또한, 보스턴 컨설팅 그룹(Boston Consulting Group)이 2018년, 1,700개 기업을 대상으로 설문조사를 실시한 결과, 경영진을 비롯해 전체 다양성이 평균 이상인 기업의 혁신 수익은 평균 19%, EBIT(Earnings Before Interest and Taxes, 순이익에서 금융비용(이자)과 세금 제외 전의 이익) 마진은 9% 더 높은 것으로 나타났다.

이처럼 우리나라는 아직 ESG공시나 ESG경영이 의무사항이 아님에도 불구하고, 많은 기업이 자발적으로 추진하고 있고, 의미 있는 성과를 내는 것으로 나타났다. 이는 상당수 기업이 지속가능한 성장을 위해 ESG를 경영전략에 통합하여 선제적으로 시행하는 것으로 분석되고 있다.

아울러 ESG가 일시적 유행일 것이라는 일부의 시선과는 달리 기업의

전략적 행보로 이어진 결과라 할 수 있다. 그만큼 ESG가 기업경영에 있어서 선택의 여지가 없는 필수 생존전략으로 자리매김하는 분위기다.

ESG행복경제연구소가 국내 시가총액 200대 기업 '2023년 지속가능경영보고서' 조사·분석결과 발표 자료에서도 지배구조 분야에서는 이사회 운영의 적정성과 관련해 2022년 대비 여성등기 임원 수 0.3명△, 사외이사 비율 1.6%p△, 임원 보수적정성 0.8배▽로 개선된 것으로 나타났다.

구분	여성등기 임원수	사외이사 비율	최대주주 지분률	임원/직원 보수적정성	지배구조 핵심지표 미준수
2023년	0.9명	55.2%	41.3%	13.1배	4.8건
2022년	0.6명	53.6%	31.1%	13.9배	4.6건
대비	0.3명↑	1.6%p↑	10.2%P↑	0.8배↓	0.2건↑

주) 해당 지표에 대한 정보 미공개(N/A) 기업은 평균 산출에서 제외

이는 기업지배구조보고서 의무공시 대상의 단계적 확대와 ESG 친화적 기업경영이 긍정적 영향을 미친것으로 평가된다. 하지만 최대주주 지분율 10.2%P▲(2022년 대비), 지배구조 핵심지표 미준수 0.2건▲(2022년 대비)을 볼 때 경영의 투명성을 위해 '이사회의 독립성과 전문성 강화'가 더욱 필요한 것으로 나타났다.

고객을 매장에 오게 하는 방법

문제는 내방객 수

유통기업에서 불특정 다수의 고객을 매장에 오게 하는 방법은 유통업체별로 그동안 다양하게 시행되어 왔다. 특히, 과점체제이자 온라인 플랫폼과의 치열한 가격경쟁이 불가피한 대형마트 간의 경쟁체제 아래에서 마케팅 실무 부서에서의 고민은 커질 수밖에 없다. 필자 역시 현업에 있었을 때 어떻게 하면 내방객 수를 확대할 수 있을지에 대한 문제 해결이 마케팅 활동의 전부였을 정도로 기억된다. 내방객 수 확대가 곧 매출로 연결되기 때문이다.

따라서 매장 영업의 핵심지표는 내방객 수의 흐름이라 할 수 있다. 먼저, 유통업체에서 가장 중요한 정량적 경영 실적의 근원이라 할 수 있는 매출이 무엇인지에 대한 포괄적 이해가 선행적으로 필요하다.

 ## 매출이란

유통업체에서의 매출을 측정 가능한 척도로 표현하면, '매출=구매고객 수×객단가(소비자 한 사람이 구매한 금액)'로 나타낸다. 구매고객 수는 다시 '매장 방문객 수×구매율'로 표현한다. 여기서 눈여겨볼 대목은 방문객 수이다. 즉, 운영하는 점포에서 소비자가 필요한 상품을 구매하기 위해 일단 많은 소비자가 수시로 플랫폼(점포)을 방문하게 하는 전략과 전술이 필요하다. 소비자들이 필요한 상품을 자신이 원하는 플랫폼에 자주 방문해야만 매출이 발생하기 때문이다. 문제는 어떻게 하면 그 불특정 다수의 소비자를 경쟁업체가 아닌 우리 매장에 오게 할 것이냐다.

유통업체에서 매출을 지속적으로 발생하기 위해서는 ① 내방객 수 확대와 객단가 상승전략 ② 내방객 수 확대가 제한적이라면 객단가 상승전략 ③ 객단가 상승이 제한적이라면 내방객 수를 확대하는 전략이 절대적으로 필요하다. 예컨대, 맛있는 음식점이라면 비록 먼 곳에 있을지언정 웨이팅(Wating)조차 즐기며 먹으려는 것이 소비자의 심리이다.

출처: 픽사베이

음식점은 '맛' 자체가 핵심 역량이다. 이것이 매장에 소비자를 오게 하는 핵심 요소이다. 지금까지 대형마트에서도 불특정 다수의 소비자를 매장에 오게 하려고 다양한 방법을 시행해 왔다. 대표적인 단기 전략으로서는 유통업체별로 정기적으로 실시하고 있는 가격 중심의 판촉 행사(Sales Promotion)라 할 수 있다. 그중 대형마트의 상시 저가 전략(Every Day Low Price, EDLP)이 여기에 해당한다. 이와 함께 마케팅 부서에서 추진하는 또 다른 전략의 방향은 중·장기적 개념의 전략이다.

중·장기 마케팅 전략 수립의 핵심은 STP 전략이다. 먼저 시장을 세분화(Segmentation)하고, 세분 시장 내에서 공략할 시장을 표적화(Targeting)하여 표적 시장 내 소비자의 뇌리에 자사의 브랜드나 상품과 서비스 그리고 점포 이미지를 어떻게 각인(Positioning)시킬 것인가의 과제가 핵심이라고 할 수 있다.

그동안 많은 실증 분석에서 검증되었거나 마케팅의 목표가 된 핵심

키워드는 주로 기업 이미지, 기업 신뢰도, 소비자 태도, 고객 충성도, 재방문(이용) 의도라 할 수 있다. 각각의 키워드에 대한 개념과 앞선 연구에 관한 사례를 간략히 살펴보고자 한다.

# 기업 이미지 및 사례

(1) 기업 이미지

 기업 이미지는 소비자가 기업이나 브랜드를 대할 때 기업 속에 브랜드를 인식하는 여러 의미의 조합이다(Aaker, 1991; Keller, 1993). 여기서 이미지는 소비자 개인별로 특정 대상에 대해 가진 내적인 영성 형체를 의미한다(Alvesson, 1990). 기업 이미지에 대해서 Kotler(1975)는 기업에 대해 소비자들이 형성하고 있는 정신적인 인상을 의미한다고 말했고, Shwarts(1980)는 기업에 대한 소비자들의 개념과 인상의 총체로써, 소비자들이 한 기업에 대해 부정적 혹은 긍정적인 태도를 갖게 되는 것이라고 하였다.

 Dutka & Roshwalb(1983)는 기업에 대한 공중의 태도 총합이며, 소비자들이 특정 기업에 가지는 총체적인 인상이라 정의하였다. 기업 이미지에 대해 Lippincott(1962)는 사람들이 기업에 갖고 있는 어떤 것, 기업의 행동으로 발생한 사람들의 반응, 논리적이기보다는 감정적인 것, 누구도 완전히 통제할 수 없고 부분적으로 선도할 수 있는 것이라 하였다.

쉬차오 외(2023)는 〈핀테크 기업에서의 ESG경영과 기업 이미지 연구〉에서 기업 이미지는 기업에 대한 대중의 평가와 마음속의 총체적인 인상이라 정의하였다. Lee & Rhee(2023)는 〈기업의 ESG경영과 소비자의 브랜드 선택 연구〉에서 브랜드 이미지는 기업의 유·무형적인 부분의 소비자 인식과 인상이라고 정의하였다. 따라서 기업 이미지는 한마디로 소비자들이 유·무형의 기업 정보를 기반으로 마음속에 형성하는 총체적인 기업의 특성이라고 할 수 있다.

(2) 기업 이미지 사례

유재웅 외(2021)는 기업이 ESG경영 성과를 나타내기 위해 기업 이미지 광고가 중요하다고 주장하였다. 광고 비즈니스에서 오랫동안 상품광고가 중심이 되었으나 이제는 기업 이미지와 평판이 더 중요해지며 영향력이 커지고 있다. 기업 이미지는 소비자 인식에서 그 자체도 중요하지만, 제품 판매에 있어서 큰 도움이 되기 때문에 좋은 기업 이미지 형성에 광고 등 다양한 기법을 동원하고 있다.

박윤나·한상린(2021)은 〈ESG 활동과 기업 이미지 연구〉에서 기업의 ESG 활동을 통해 형성한 따뜻함과 유능함 차원의 기업 이미지는 소비자의 가격 공정성의 지각에 긍정적인 영향을 준다고 주장하였다. 기업 이미지는 브랜드와 기업 이해관계자의 마음 안쪽에 이미 형성되어 있고, 일반 소비자들은 브랜드 상표와 로고 등을 통해 기업 이미지를 연상하기도 한다. 우수한 ESG경영을 하는 기업은 향상된 브랜드 이미지의 경쟁우위에서 비롯되며, 긍정적인 이미지는 고객의 인식에 좋은 영향을 미치기 때문에 자산으로 간주할 수 있다고 하였다(Koh et al., 2022).

브랜드 이미지는 소비자 구매 행동 시 소비자의 의사결정에 영향을 주며 브랜드 태도를 결정하는 것에도 긍정적 또는 부정적인 영향을 미친다. 황용식·이용기(2022)는 환경, 사회, 지배구조 요인과 기업 이미지의 관계를 연구한 결과 사회와 지배구조는 기업 이미지에 정(+)의 영향을 미치는 것으로 나타났으나, 환경은 유의하지 않은 결과를 보였다.

Graeff(1996)는 브랜드 이미지가 소비자의 브랜드 평가에 결정적 역할을 한다고 하였고, Ramesh et al.(2019)는 기업의 사회적 활동과 구매 의도 간의 매개 효과 분석에서 브랜드 이미지의 간접적인 상관관계를 파악하였다.

Gurlek et al.(2017)은 기업 이미지가 고객 충성도에 미치는 매개 효과로 인해 기업의 사회적 활동에 대한 소비자의 인식이 간접적으로 영향을 받을 수 있다는 것을 확인하였다. Jukemura(2019)는 ESG 활동이 우수한 기업들은 향상된 브랜드 이미지 및 평판 등을 경쟁우위의 원천으로 활용한다고 주장하였다. 환경보호 활동에 노력하는 기업은 브랜드 이미지가 향상되며(Sen et al., 2006), 기업이 자선 활동을 후원하고, 지원하는 등의 사회적 활동 역시 브랜드 이미지에 큰 영향을 미친다고 하였다(Brunk, 2010; Waddock et al., 2002).

기업 신뢰도 및 사례

(1) 기업 신뢰도

기업 신뢰도는 "소비자에게 기업이 기존에 브랜드가 약속한 것을 얼마나 지속적으로 제공 가능한가"라고 정의하였다(Erdem et al., 2002; Erdem & Swait, 2001). 신뢰는 거래 상대방의 행위를 바탕으로 복잡한 사회적 현상 속에서 기업 대 기업, 기업 대 개인, 개인 대 개인 간의 의존할 수 있는 의지라 할 수 있다(Moorman et al., 1993).

Doney & Cannon(1997)은 소비자와 판매자의 신뢰에는 호의성과 진실성이 큰 의미를 가지며, 호의성은 상대방의 복지 및 혜택에 대한 진지한 관심을 두어 서로 간의 공동이익을 목표로 믿는 정도라 하고, 진실성은 상대방의 태도나 말에 대해 믿음을 갖는 기대라고 하였다.

소비자의 긍정적인 태도와 구매 의도에 영향을 주는 중요한 요인이 신뢰도라고 하였고(Fombrun, 1996; Lafferty, 2007; Unrich et al., 2013), 소비자는 기업을 신뢰할 수 있다고 믿으면 해당 기업의 브랜드에 대해 긍정적인 반응을 나타내는 경향을 보인다. 따라서 기업 신뢰도는 해당 기업에 대한 고객의 태도에 긍정적인 영향을 줄 수 있다(Newell & Goldsmith, 2001; Unrich et al., 2013).

임수민·박종철(2023)은 〈기업의 ESG 활동에 대한 소비자 인식이 기업 이미지에 미치는 영향〉에서 신뢰를 거래 과정에서 거래 당사자 간의 말 또는 약속을 믿을 수 있는지에 대한 상대방의 믿음이라 정의하였다. 추가로 교환관계에서 거래 당사자들이 자기 자신이 책무와 의무를 다하는 정도에 따르는 믿음을 의미한다고 하였다. Bae et al.(2023)은 신뢰에서 가장 중요한 정의는 확신에 찬 기대와 위험 요소라 주장하며 신뢰는 막연한 어떤 것에 두려움이 아닌 내가 원하는 무엇을 찾을 수 있다는 확신이라고 하였다.

(2) 기업 신뢰도 사례

박연정 외(2022)는 〈기업의 지속가능경영이 기업 신뢰에 미치는 요인에 관한 실증연구〉에서 "일반 기업들은 모두 지속가능한 경영을 위해 조직역량을 극대화시켜 환경적, 사회적, 경제적 책임에 리스크 관리를 통해 주주 가치를 창출해야 한다"라고 주장하였다.

Triple Bottom Line(TBL) 연구 결과에서는 기업의 지속가능경영 활동은 기업 신뢰도에 큰 영향을 미치는 것이라 주장했다. 신뢰는 거래 과정에서 발생할 불확실성과 리스크에 대한 상대방의 믿음이라 하겠다. 결국, 신뢰는 미래의 불확실성에 대한 상대방의 행동 기대를 수반한다.

전지원(2022)은 대형마트 이용객을 대상으로 〈기업의 ESG 활동과 신뢰, 동일시, 충성도 연구〉에서 기업의 책임과 지속가능경영이 소비자의 신뢰 등에 어떤 차이를 보이는지 연구하였다. 연구 결과, 기업의 환경 활동은 소비자 신뢰에 부(-)의 영향을 미쳤고, 사회 활동과 기업의 지배구조 활동은 정(+)의 효과를 보였다. 기업은 소비자가 이해하고 공감이 가는 자발적 환경 활동을 시행해야 하며, 특히 대형마트는 환경 활동이 부(-)의 영향을 미치는 것으로 보아 대형마트 이용 소비자의 시민 의식이 낮아 아직은 환경 활동이 불편함으로 작용할 수도 있는 것으로 분석되었다.

Bae et al.(2023)은 〈ESG가 식음료 기업의 브랜드 신뢰도 및 구전효과에 미치는 영향 연구〉를 통해 한국의 제주도 식음료가 기업의 브랜드 신뢰도와 구전 효과 관계를 증명하였다. 또한, ESG경영 활동인 환경, 사회, 지배구조가 브랜드 신뢰에서 모두 정(+)의 효과가 있음을 증명하였다. Tripopsakul & Puriwat(2022)는 〈ESG 활동과 브랜드 신뢰와 고객 참여 연구〉에서 ESG경영 활동 3가지 모두 브랜드 신뢰에 긍정적인 영향을 미치고 고객 참여에도 유의미한 영향을 미친다고 주장하였다. 반면에 백채환·강준모(2023)는 ESG경영의 환경, 사회, 지배구조 요인 중 환경만 기업 신뢰도에 영향을 미친다고 주장하였다.

 # 소비자 태도 및 사례

(1) 소비자 태도

소비자 태도는 대상에 대해 순간의 감정보다는 대상에 대한 개인의 평가로 지속적인 감정이라 정의하였다(Ajzen & Fishbein, 2000). 이현진·김수진(2023)은 소비자 태도는 제품에 대해 특정하게 형성하는 호의적이거나 비호의적인 심리 반응이라고 정의하였다. Keller(2003)는 〈Building, Measuring and Managing Brand Equity〉에서 브랜드 태도는 고객이 브랜드를 바라보고 취하는 행동으로 브랜드가 가진 속성과 이점, 특징에 의해 결정되기에 매우 중요하다고 강조하였다. 이 같은 브랜드 태도는 다양한 형태와 방향으로 나타날 수 있으며 고객은 본인이 인식하는 브랜드 태도를 감정적, 질적, 장기적인 특징을 보이기 때문에 적극적인 관리가 필요하다고 하였다.

Puriwat & Tripopsakul(2022)는 〈디지털 ESG와 소비자 태도, 브랜드 자산 연구〉에서 고객의 태도를 특정 상품 또는 비즈니스, 브랜드에 관한 호의 또는 비호의적 반응을 표현하는 고객의 의지라 정의하였다. Low

& Lamb(2000)는 고객이 특정 브랜드에 만족할 경우 해당 브랜드의 선호도가 올라가고 결국 구매 결정에도 영향을 주기 때문에 고객의 브랜드 태도는 무엇보다 중요하다고 주장했다.

(2) 소비자 태도 사례

이현진·김수진(2023)은 〈IT 기업의 ESG경영 환경과 소비자 태도 연구〉에서 기업의 규모와 소비자 태도의 차이를 증명하였고, 잠재적인 소비자가 대상에 대해 갖는 긍정적이거나 부정적인 평가라 설명하였다. Argyriou & Melewar(2011)는 소비자 태도는 특정 브랜드와 제품, 기업에 대한 방향과 강도를 형성하기 때문에 구매 의도에 영향을 미친다고 하였다. Wongpitch et al.(2016)의 연구에서도 브랜드에 대한 소비자의 태도가 소비자의 구매 의도에 긍정적인 영향을 준다고 하였다.

소비자 태도의 방향은 긍정적이거나 부정적일 수 있으며 크기로 가름할 수 있고, 태도의 강도는 브랜드에 대한 신뢰의 정도와 대상의 확신을 의미한다. 김기탁(2022)은 〈스포츠 소비자의 ESG경영 연구〉에서 ESG경영에 대한 인식과 기업 이미지는 기업에 대한 태도에 유의미한 영향을 준다고 주장하였다.

브랜드에 대한 인식은 개인별로 다르고, 가족, 친구, 문화적 배경 등 여러 외부 환경에 따라 다르게 나타나며 이런 감정은 고객의 경험과 참여를 바탕으로 나타난다. 결국 브랜드는 고객의 브랜드 태도에 긍정적인 감정을 발전시켜 신뢰와 충성도로 발현한다. 또한, 디지털 ESG경영이 고객 태도에 직접적인 영향을 주는 것으로 나타났으며, 고객의 태도가 디지털 ESG경영과 브랜드 자산 관계에서 긍정적인 매개를 하는 것으로 입증하였다.

따라서 기업의 브랜드에 대한 소비자의 태도는 구매 의사결정 과정에 중요한 역할을 한다고 할 수 있다. Bhattacharya & Sen(2003)은 소비자가 기업에 대한 동일시(Consumer-Company Identification) 태도가 높아지면 높아질수록 동일시 대상 기업 제품에 대한 충성도가 높아지고, 향후 신제품이 출시될 때 구매 의도에 큰 영향을 미친다고 하였다.

Lee & Rhee(2023)는 〈ESG경영과 브랜드 관계 연구〉에서 ESG경영 요인을 환경과 사회 & 지배구조로 설정하였다. ESG경영과 브랜드 이미지, 브랜드 태도, 브랜드 애착 그리고 브랜드 충성도의 관계 연구에서 ESG경영의 환경 활동은 브랜드 이미지와 브랜드 태도, 브랜드 애착에 긍정적인 영향을 미치지 않으며, 사회와 지배구조 활동은 브랜드 이미지와 브랜드 태도에서 긍정적인 영향을 미친다고 증명하였다. 또한, 사회와 지배구조 활동과 브랜드 충성도 관계에서 브랜드 이미지와 태도, 브랜드 애착이 매개 역할을 한다고 주장하였다.

고객 충성도 및 사례

(1) 고객 충성도

기업에게 고객 충성도가 중요한 이유는 기업의 경쟁우위 확보와 이윤 추구가 지속적으로 가능할 수 있기 때문이다. 즉, 기업 마케팅 전략 수립에 핵심 요인이기도 하다. Oliver(1999)는 고객 충성도를 소비자가 해당 브랜드 또는 제품을 구매하도록 하는 깊고 헌신적인 마음으로 정의하였다.

Cornell(1992)은 〈A national customer satisfaction barometer 연구〉에서 기업이 고객의 만족도를 높이면 고객 충성도는 올라가고, 경쟁적 시장 상황에서 기존 고객을 보호하며, 신규 고객의 유입 비용을 감소시켜 공중관계성과 충성도가 높아진다고 주장하였다. Hellier(2003)는 소비자들이 특정 기업의 제품과 서비스에 대해 반복적으로 구매하는 행동의 정도라고 정의하였다.

Dick & Basu(1994)는 고객이 특정 기업, 브랜드 및 제품 등에 가지고 있는 충성스러운 신념이라고 정의하였고, Lovelock & Wirtz(2004)는 특정 기업과 오랜 기간 지속적인 관계를 유지하면서 타인에게 해당 기업에 대한 제품과 서비스를 적극적으로 추천하고자 하는 노력이라고 하였다.

Chaudhuri & Holbrook(2001)은 특정 기업의 제품에 대해 깊이 있게 몰입하고, 반복적으로 구매하는 것으로 정의하였다. 백채환·강준모(2023)는 〈커피 전문점에서 ESG경영과 소비자 평가, 고객 충성도 연구〉에서 고객 충성도를 고객의 상대적인 태도와 재구매 거래 시의 관계의 강도로 정의하였다.

고객 충성도에서 가장 중요한 부분은 고객 만족이며, 고객 충성도는 빠르게 변화하는 경쟁적 시장 환경에서 기업 또는 브랜드들이 생존에 필요한 핵심 사항이라고 할 수 있다(Garbarino & Johnson, 1999).

(2) 고객 충성도 사례

고객 충성도는 기업의 지속가능발전을 위한 전략자산이다. 이는 일반 소비자들을 특정 기업의 미래 고정고객이나 브랜드 애착을 갖게 하는 핵심이기 때문이다(허종호·홍재원, 2023). 고객 충성도는 기업 성공의 주요 요인으로 확산하고 있으며, 기업의 사업 지속성과 생존과 밀접한 관련이 있다. 고객 충성도가 높은 고객은 서비스 만족을 통해 충성도가 더 향상되기 때문에 기업의 비즈니스 성과와 이익 창출에 도움을 준다고 하였다(Tarigan et al., 2020).

고객 만족은 고객 충성도와 깊은 관련이 있으며 충성도는 기업 경영에 중요한 요소이다. Reichheld & Schefter(2000)는 고객 유지율이 안정적 수익 창출에 긍정적이고, 고객 유지를 이끄는 동인은 고객 충성도에 있다고 주장하였다. 또한, 기업 신뢰도가 고객 충성도에 긍정적인 영향을 미친다고 증명하였다.

홍은표 외(2023)는 〈여행사업의 ESG 활동 연구〉에서 여행사의 ESG 활동에서 브랜드 이미지와 만족도가 고객 충성도에 영향을 미친다고 주장하였다. 강준모·박철(2022)은 〈기업의 ESG 활동이 기업 신뢰도를 매개하여 고객 충성도에 미치는 영향 연구〉에서 베이커리 기업 규모에 따른 ESG경영 활동과 기업 신뢰도, 고객 충성도 관계를 연구하였다. 연구 결과, ESG의 환경, 사회, 지배구조 모두 기업 신뢰도에 정(+)의 영향을 미치고, 기업 신뢰도 또한 고객 충성도에 정(+)의 영향을 미친다고 증명하였다.

결국, 기업의 ESG경영 활동은 브랜드에 대한 고객의 긍정적인 평가로 이어져 신뢰도와 충성도를 높인다는 것을 알 수 있다.

 재이용 의도 및 사례

(1) 재이용 의도

재이용 의도는 같은 브랜드 및 제품 혹은 서비스 등을 지속적으로 반복 구매 또는 이용할 의사라 정의하였다(Hellier et al., 2003).

McDougall & Levesque(2000)는 재구매 의도는 소비자가 이용한 브랜드와 제품을 반복적으로 소비하고자 하는 것으로 다른 사람에게 해당 제품의 소비를 설득하는 정도로도 정의하였다. Shin et al.(2017)은 재구매 의도를 특정 상품 또는 서비스에 소비자가 과거의 구매했을 때 느낀 경험의 평가를 가지고 재구매하려는 소비자의 의지라 하였다.

강지원·남궁영(2018)은 재구매 의도는 재사용 의도, 재이용 의도, 재방문 의도 등과 같은 용어로도 사용되며, 소비자가 제품과 서비스를 다시 구매할 것인지에 대한 주관적 평가라 하였다. 문설아(2019)는 재구매 의도를 고객의 실제 행동과 태도를 예측할 수 있는 중요한 요인으로 규정하고, 측정 요인으로써 소비자가 과거 구매한 제품과 서비스를 지속 사용 의도, 재사용 의도, 추천 의도, 구전 의도 등으로 다양하게 구성한다고 하였다.

백내용·김호석(2023)은 〈외식기업의 ESG경영 활동 연구〉에서 재구매 의도를 실질적인 재구매 행동과 고객 유지와 연관되며 제품 및 서비스를 비교 평가한 후 고객이 선호하는 제품을 재구매하려는 신념이라 정의하였다. 또한, 특정 상품과 서비스에 대해 과거 고객이 경험한 평가로 재구매하려는 소비자 자신의 의지로 브랜드와 상품을 반복하여 구매할지에 대한 여부라는 의미를 부여했다.

(2) 재이용 의도 사례

특정 상품과 서비스에 대한 소비자 재이용은 기업 경영 활동에 중요한 의미가 있다. 고객의 재방문율을 높이기 위해서는 기업(브랜드)에 대한 고객 신뢰가 중요한 요소이기 때문이다. 이런 신뢰는 고객에게 브랜드 애착을 느낄 수 있는 환경을 만들고, 재방문 욕구를 자극하여 재방문율을 높이는 것을 가능하게 한다(In & Suh, 2013).

Oliver(1980)는 재구매 의도를 소비자가 구매하려는 제품의 만족도가 높으면 구매를 통한 체험에 긍정적인 영향을 미치고 이런 소비 태도는 재구매 의도에 영향을 미친다고 하였다. 고객 만족은 고객의 태도에 영향을 주며 지속적으로 고객 사용 의도와 같은 미래 잠재 행동 의도에 긍정적인 영향을 미친다고 하였다.

백내용·김호석 (2023)은 〈외식기업의 ESG경영 활동 연구〉에서 ESG경영 요인과 기업 평판, 이미지 그리고 재구매 의도 관계에서 ESG경영 활동 모두 기업 평판과 기업 이미지에 정(+)의 효과를 미치는 것으로 나타났다.

황용식·이용기(2022)의 〈국내 저비용 항공사의 ESG경영 연구〉에서 ESG경영인 환경 활동, 사회 활동, 지배구조 활동 3가지 요인과 기업 이미지, 신뢰도, 재이용 의도와의 관계에서 기업 이미지와 신뢰도 모두 재이용 의도에 유의미하다는 결과를 증명하였다.

4장
대형마트의 ESG경영 활동

 # 대형마트의 정의

우리나라의 『유통산업발전법』 대규모 점포의 종류(제2조 3호)에서는 대형마트를 "대통령령으로 정하는 용역의 제공 장소를 제외한 매장 면적의 합계가 3천 제곱미터 이상인 점포의 집단으로서 식품, 가전 및 생활용품을 중심으로 점원의 도움 없이 소비자에게 소매하는 점포의 집단"으로 규정하고 있다.

2023년 2월, 산업통상자원부 업태별 매출 구성비 보도자료에 의하면 대형마트의 매출 구성비는 2021년에는 15.7%에서 2022년에는 14.5%로 하락하는 추세이지만, 온라인과 백화점, 편의점 매출 구성비가 상대적으로 증가하고 있는 것은 시사하는 바가 크다고 할 수 있다.

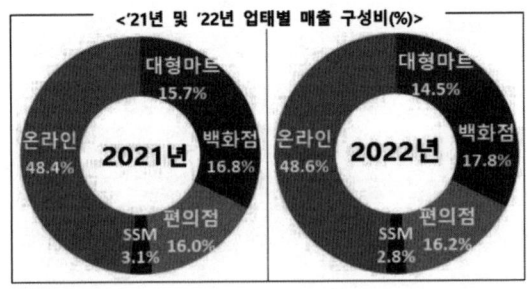

<'21~'22년 온·오프라인 유통업체 매출 비중 및 증감률>

구 분	2021년		2022년	
	매출비중	매출증감률	매출비중	매출증감률
대형마트	15.7%	△2.3%	14.5%	1.4%
백화점	16.8%	23.1%	17.8%	15.7%
편의점	16.0%	6.9%	16.2%	10.8%
SSM	3.1%	△8.4%	2.8%	△0.2%
오프라인 합계	51.6%	7.4%	51.4%	8.9%
온라인 합계	48.4%	15.8%	48.6%	9.5%
전 체	100%	11.3%	100%	9.2%

출처: 산업통상자원부 보도자료(2023.2.2.)

우리나라 대형마트의 효시는 1993년 11월 12일, 신세계 그룹(당시 신세계 백화점)이 서울 도봉구 창동에 1,280평 규모의 1호점으로 개점한 '이마트 창동점'이다. 그 후 월마트, 까르푸, 코스트코 홀세일(Costco Wholesale Corporation), 이케아 등 외국계 기업이 국내에 진출하여 한국의 대형마트와 함께 오랜 기간 국내 유통산업 발전에 중요한 역할을 해왔다. 하지만 2023년 말 현재, 우리나라의 대형마트 시장은 월마트가 2006년 5월에 신세계 그룹에 매각하고 완전히 철수하면서 이마트, 홈플러스, 롯데마트 3대 대형마트와 한국에서 18개 점포를 운영하고 있는 '회원제 창고형 할인매장'인 코스트코 홀세일, 가구 전문 업태인 이케아를 중심으로 경쟁적 관계를 유지하고 있다.

따라서 이러한 시장 환경하에서 글로벌 이슈가 되고 있는 ESG가 국내 대형마트의 주류인 이마트, 홈플러스, 롯데마트에서 ESG경영 활동이 어떻게 추진되고 있는지 살펴보았다.

 # 이마트

국내 대형마트 매출 1위 기업인 이마트는 지속가능경영보고서를 통해 ESG 정책을 소비자에게 알리고 있다. 해당 보고서는 이마트(136개 점포)와 2010년 이마트가 론칭한 '트레이더스 홀세일 클럽(21개 점포)' 그리고 전문점의 ESG경영 활동을 보여주고 있으며, ESG 공시 국제표준 가이드라인 GRI(Global Reporting Initative)를 기준으로 작성되었다.

'지구의 내일을 우리가 함께'라는 비전으로 고객의 쇼핑 여정 전반에 ESG경영 실천을 통해 편의성과 가치 소비를 충족시킬 새로운 쇼핑 문화 제안을 목표로 하고 있다. 또한, 이마트의 새로운 사령탑이 된 한채양 대표는 이마트 30주년 즈음하여 2024년에는 본업인 오프라인 경쟁력 강화에 모든 힘을 쏟겠다 밝히면서 그동안 출점에 소극적이었던 이마트의 신규 점포 출점에 강한 의지를 내비쳤다. 이는 오프라인 매장에서의 이마트의 강점을 더 강화하겠다는 전략으로 풀이된다.

1993년 11월 12일, 창동점 오픈

출처: 시사저널e

　이마트의 ESG경영은 1999년에 선포한 윤리경영에서 출발했으며, 2003년 윤리경영 캐릭터인 '바리미'를 만들며 실행 의지를 보였다. 2005년에는 윤리경영의 구체적인 '윤리헌장'을 제정해 이마트 구성원들이 가져야 할 윤리경영 실천 방안을 제시하였다. 이는 2021년 4월에 설치한 'ESG위원회'의 기반이 되었다.

출처: 이마트 홈페이지

대형마트 중 ESG 활동 내용을 지속가능경영보고서로 소비자와 적극 소통하는 있는 기업은 이마트와 롯데쇼핑이다. 이마트는 이사회 산하에 'ESG위원회'를 두고, 반기별로 정기회의를 개최하고 있으며 위원회 활동 관련 내용을 상세하게 공지하고 있다. 또한, 대표이사 직속으로 'ESG 담당'을 두고 ESG경영 실천을 진두지휘하고 있다. ESG 담당 아래의 'ESG 추진사무국'은 'ESG 실무협의체'를 두고 탄소중립, 패키지혁신, 지속가능상품, 동반성장, 사회책임경영 등의 핵심 과제를 추진하고 있다. 이마트의 ESG경영 활동은 사회적 책임에 관한 국제표준인 ISO 26000에 기반하고 있다.

지속가능경영 추진 체계

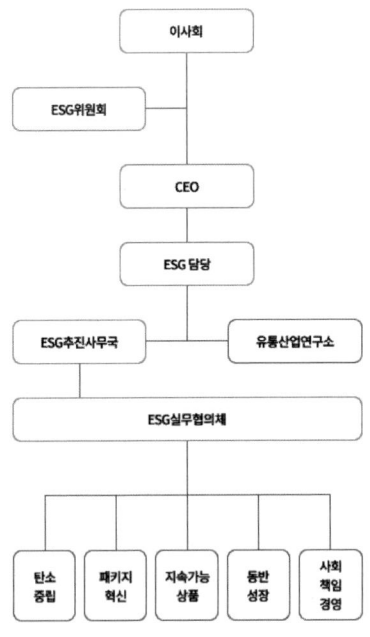

출처: 이마트 홈페이지

(1) 환경 활동

이마트 친환경 경영의 3대 축은 'Green Store', 'Green Product', 'Green Culture'이다. Green Store는 친환경 녹색매장을 구현하고, Green Product는 친환경 소비 활성화에, Green Culture는 친환경 녹색문화를 전파하고자 하는 것이 핵심이다.

출처: 이마트 홈페이지

환경 활동으로는 'Plastic free tomorrow' 캠페인 '이달의 바다'를 들 수 있다. 해당 캠페인은 연안 정화 활동으로 기존에 일회성으로 진행하던 행사를 전국적인 캠페인으로 확대하였다. 전국의 바닷가를 대상으로 매월 바닷가 하나를 선정해 이마트 임직원과 파트너사가 함께 주변 쓰레기를 줍고, 분리하는 활동이다.

이마트 친환경 경영 브랜드

지구는 오늘의 생활에 따라 내일의 모습이 달라집니다. 내일을 위한 오늘의 습관, 고객과 함께 만들어가는 '이마트 투모로우 문화', 오늘부터 실천합니다.

Master Brand	Slogan	Symbol	Character
emart tomorrow	지구의 내일을 우리가 함께	Earth	Tumo

출처: 이마트 홈페이지

또한, 이마트의 지속가능상품 PL 브랜드인 '자연주의'를 국내 대표적인 친환경 브랜드로 육성하기 위해 PL 상품 3단계 개발 기준을 마련하였다. 개발 원칙은 PSI(Product Sustainability Initiative)를 기반으로 원재료, 제조, 포장 단계별로 기준을 제정하였다. 원재료는 유기 가공식품 개발을 우선하여 5대 인증 원료(유기농, 무농약, 저탄소, 무항생제, 동물복지) 사용을 권장하고 있다. 제조 단계에서는 첨가물 사용과 가공 과정을 최소화하고 있다. 마지막 단계에서는 포장을 최소화하고 포장재는 되도록 재활용 가능한 재료를 사용하고 있다. 그밖에 신세계와 공동으로 3R개념인 'Remove', 'Rechange', 'Reduce'를 기반으로 환경 영향을 최소화하는 방식의 ESG경영 활동을 실천하고 있다.

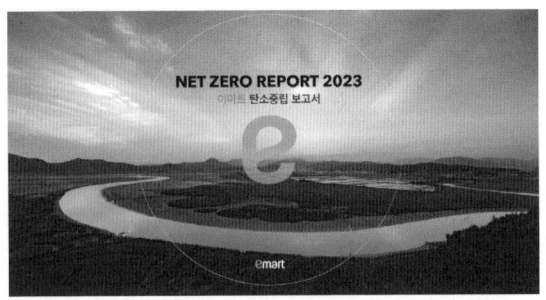

출처: 이마트 홈페이지

2023년 9월에는 유통업계 최초로 〈Net Zero Report 2023 이마트 탄소중립 보고서〉를 발표하는 등 2030년까지 자체적으로 탄소 배출량 32.8% 감축을 목표로 에너지 효율 제고와 자원순환 시스템 확대에 전사적 역량을 집중하고 있다.

또한, 2023년 10월에는 마라도 마을회의와 '해양 환경 보전을 위한 업무협약'을 체결하고, 마라도 및 인근 해양의 환경 보호를 위해 '가플지우(가져가요 플라스틱, 지켜가요 우리바다)' 캠페인과 홍보 활동에 나섰다. 플라스틱 감축을 위한 가플지우 캠페인은 2018년 이마트가 주축이 돼 구축한 '열린 친환경 플랫폼'이다. 매년 기업·기관·단체들이 새롭게 참여해 플랫폼을 확장하며 친환경 문화를 전방위적으로 확산하고 있으며, 플라스틱 회수 캠페인 고도화, 브랜드별 협업 및 고객 프로모션 강화, 연안 정화 활동 확대, 해양환경 교육 강화 등 총 4가지 분야에서 친환경 캠페인 활동을 펼치고 있다.

가플지우 캠페인, 출처 이마트 홈페이지

(2) 사회 활동

사회공헌 활동은 크게 5가지 테마로 나뉜다. 예컨대, '희망나눔 프로젝트', '이마트 옐로카펫', '희망배달 캠페인', '희망 배달마차', '희망나눔 주부봉사단', '여자축구 후원'이다.

'희망나눔 프로젝트'는 이마트의 대표적 지역사회공헌 프로그램으로써 지역사회의 도움이 필요한 어린이, 장애인, 독거노인 등을 대상으로 테마에 맞게 연간 다양한 공헌 활동을 전개하며 소외된 이웃들에게 따뜻한 희망을 전하고 있다.

'이마트 옐로카펫'은 어린이 교통사고 방지 캠페인으로써 아동이 횡단보도를 이용할 때 안전하게 대기할 수 있는 아동안전 공간을 말한다.

'희망배달 캠페인'은 기존의 기업 중심형 기부가 아닌 개인의 자율적 참여를 기반으로 하는 프로그램으로써 바람직한 사회공헌 모델로 인정받고 있다. 조성된 기금은 희망 배달마차, 희망 장난감 도서관 건립, 후원 아동 대상으로 생활비·교복비 지원, 환아에겐 치료비·수술비 후원 그리고 소외 청소년 대상으로는 여성 위생용품을 지원하는 등 다양한 사업에 사용하고 있다.

'희망 배달마차'는 지역사회의 소외계층을 찾아서 꼭 필요한 물품들을 지원하여 실질적인 도움을 드리는 이마트의 사회공헌 활동으로써 물품 지원과 냉동탑차, 제반 비용 등을 기부하고 있다.

'희망나눔 주부봉사단'은 동네를 가장 잘 아는 주부들이 모여서 구성되었고, 매년 1만 2천여 명의 봉사단원이 마을 곳곳에서 봉사 활동을 진행하는 고객과 함께하는 사회공헌 활동이다.

마지막으로 사단법인 대한축구협회(KFA)와 업무 협약을 맺고 비인기 스포츠 분야의 저변 확대를 위해 여자축구를 후원하고 있다.

출처: 이마트 홈페이지

또한, '동장성장펀드'를 활용해 시중은행과 연계하여 협력회사가 은행 대출을 받을 때 대출 금리를 감면받게 하고, 2023년에는 동방성장위원회와 ESG 지원사업 협약을 맺고 중·소 협력회사의 ESG 역량을 강화하기 위한 상생협력기금을 출연하였다.

임직원의 안전과 건강을 위해서 '안전하고 건강한 이마트'라는 모토로 선제적인 리스크 관리를 통해 임직원이 자부심을 느낄 수 있는 일터를 만들고 있다. 18개 점포와 본사에는 임직원과 사원의 건강 유지를 도와주는 'e-Care 센터'를 운영하고 있다.

최근 『중대재해처벌법』이 강화되고 있는 상황에서 이마트는 모든 이해관계자에게 산업재해와 질병 발생 위험을 최소화하고, 생산성 향상에 도움이 되는 국제표준의 '안전보건경영시스템(ISO45001)' 인증을 획득하였다. ISO45001은 안전보건에 대해 기업의 의지와 법률 규제사항을 효과적으로 관리하고 있다는 것을 입증해 주는 국제표준 인증 제도이다.

2022 ESG 브랜드 TOP 20

순위	기업명	종합점수	순위	기업명	종합점수
1	LG	119.8	12	삼성SDS	56.5
2	삼성전자	98.9	13	포스코	55.3
3	LG전자	92.8	14	SK이노베이션	55.2
4	LG에너지솔루션	84.2	15	SK에코플랜트	53.5
5	LG생활건강	81.7	16	삼성전기	53.3
6	네이버	71.5	17	삼성엔지니어링	53.0
7	신세계	68.4	18	SK텔레콤	51.8
8	카카오	62.5	19	삼성중공업	51.5
9	LG화학	62.4	20	SK하이닉스	50.8
10	삼성SDI	62.1	20	이마트	50.8
11	SK	58.9	20	SK에너지	50.8

출처: 한경ESG/글로벌리서치, 매출액 기준 150대 기업(비상장 포함)

(3) 지배구조(거버넌스) 활동

지배구조 활동으로서는 투명한 기업 문화정착을 위해서 CSR 전담조직 운영, 전자회계 시스템 도입, 3대(클린신고, 신세계페이, 지인거래신고) 신고제도 운영, 사외이사 선임, 내부회계 관리제도를 운영하고 있다. '신문고' 제도를 활용하여 임직원, 협력회사, 고객 등의 잘못된 관행이나 임직원의 부정부실, 비윤리적 행위 등을 모니터링하고 있다.

그룹 차원에서는 신세계 리스크 관리 시스템인 SRMS(Shinsegae Risk Management System)을 구축하여 그룹 내 전 사업장에서 사건사고가 발생할 때 SRMS에 등록하여 체계적으로 리스크를 관리하고 예방하고 있다(지속가능경영보고서, 2022).

출처: 이마트 지속가능보고서, 2022

우리나라의 대표적 ESG 평가기관 중의 하나인 한국ESG기준원(KCGS)에서는 이마트의 2023년 ESG 등급을 환경 A+, 사회 A, 지배구조 부문에서 B+, ESG 종합등급은 A로 각각 평가하였다.

또한, 이마트는 한국경제신문사와 연세대 동반경영연구센터, IBS컨설팅이 국내 기업의 ESG경영을 평가한 결과에서 친환경 설비 개선, 바다 쓰레기 수거 등 친환경 경영 실천 노력을 인정받아 필수소비재 부문에서 종합평가 S를 받고, '2023 ESG경영 혁신대상 최우수상 기업'으로 선정됐다.

2023년 ESG 경영 혁신대상 민간 부문

	수상	기업	종합	환경	사회	지배구조
	대상	포스코홀딩스	S	B	S	S
에너지	최우수상	SK이노베이션	A	S	B	B
소재	최우수상	SK아이이테크놀로지	A	S	B	A
산업재	최우수상	두산에너빌리티	S	S	B	S
자유소비재	최우수상	현대자동차	A	S	B	B
필수소비재	최우수상	이마트	S	S	B	S
금융	최우수상	KB금융	A	B	A	S
	우수상	DGB금융지주	A	B	A	A
정보기술	최우수상	삼성전자	A	A	B	S
커뮤니케이션서비스	최우수상	CJ ENM	A	A	A	B

자료 한국경제신문

한편, 본 평가에서는 기업별 특성을 감안하여, 산업별·유형별 지표와 가중치를 다르게 적용한 것이 특징이다. 예컨대, 환경 이슈가 중요한 제조업은 환경(Environmental) 관련 지표를 모두 적용하고, 탄소배출이 상대적으로 적은 금융업 등에선 일부 지표를 빼고 다른 문항의 가중치를 높이는 등 신뢰도를 높였다.

홈플러스

국내 대형마트 매출 2위 기업이자 2023년 현재 135개 점포를 운영하고 있는 홈플러스는 경쟁사인 이마트 및 롯데마트와는 다르게 설립 후 몇 차례 주인이 바뀌었다. 사모펀드인 MBK 파트너스가 2015년 영국의 테스코로부터 홈플러스를 인수했다. MBK 파트너스는 2012년 국내 운용사 최초로 유엔 책임투자원칙(UN PRI)에 참여했고, 2014년에는 ESG 책임투자 정책과 내부 기준을 만들었다.

이마트와 롯데마트는 지속가능경영보고서를 발행하여 소비자와 이해관계자에게 ESG경영 활동 내용을 적극적으로 소개하고 있지만, 홈플러스의 ESG경영 활동 정보는 홈플러스 'e파란재단'을 통해서 ESG 관련 정보를 공지하고 있기에, 다른 두 기업에 비해 상대적으로 적다(홈플러스, n.d). 홈플러스는 '다음 세대를 위한 더 나은 세상을 만드는 책임있는 유통회사'를 비전으로 'ESG위원회'를 출범시키고, 대표이사가 위원장을 맡아 ESG 중·장기 전략 과제를 도출하는 등 목표 이행 현황을 심의하며 각 부문의 ESG 활동을 지원하는 ESG경영을 실천하고 있다.

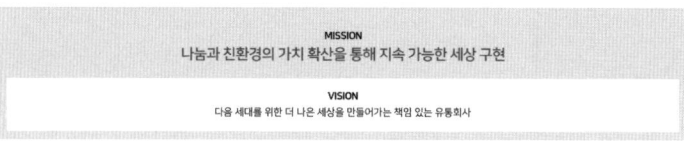

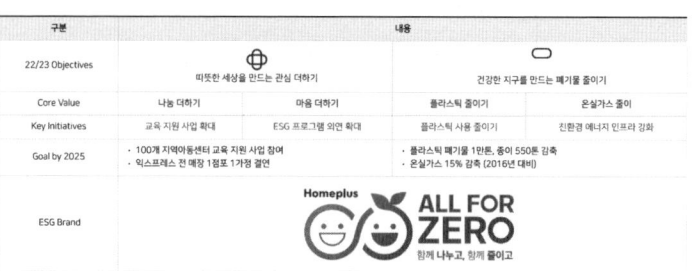

ESG경영 전략체계도, 출처: 홈플러스 e파란재단

홈플러스는 지속가능한 미래를 위한 ESG 브랜드로, 'Homeplus All for Zero'를 슬로건으로는 '함께 나누고, 함께 줄이고'의 방향성을 확정하였다. 이것은 100만 고객과 함께(All) 긍정적 변화를 추진하고, 폐기물과 사회적 무관심을 줄여(Zero) 더 나은 세상을 추구하여, 지역사회에 대한 따뜻한 관심을 '함께 나누고', 폐기물을 '함께 줄여' 다음 세대가 더 살기 좋은 깨끗한 자연환경과 따뜻한 세상을 만들어 나가려는 의도라 할 수 있다.

ESG 5개년 목표로써 2022년부터는 '따뜻한 세상을 만드는 관심 더하기(교육 기부, 나눔 활동)', '건강한 지구를 만드는 폐기물 줄이기(플라스틱 사용 줄이기, 온실가스 줄이기)'로 설정하고, 홈플러스만의 차별화된 생활밀착형 ESG경영 활동을 추진하고 있다. 또한, 2025년까지는 10개 지역 아동센터 교육지원 사업 참여, 익스프레스 1점포 1가정 결연 맺기, 플라스틱 폐기물 1만 톤, 종이 550톤, 온실가스 15%(2016 대비)를 각각 감축하는 것을 목표로 하고 있다.

(1) 환경 활동

환경 활동으로서는 고객이 상품 구매만으로 친환경 활동에 동참하는 시그니처 무라벨 '맑은 샘물' 생수를 출시하면서 기존의 생수 페트병에 브랜드와 상품 정보를 인쇄해 재활용을 간소화하였다. PB(Private Label) 상품 개발에 친환경 기준을 적용해 플라스틱과 비닐 소재 사용을 최소화하는 등 친환경 포장재를 확대하였다.

대표적으로 '핸드워시'와 같은 금속 스프링 펌프를 사용하는 제품에 메탈 ZERO 펌프를 도입해 플라스틱 재활용을 늘렸다. 온실가스 감축과 탄소중립 실천을 위해 전 매장의 노후 형광등을 고효율 LED 조명으로 교체했다.

출처: 홈플러스 e파란재단

2000년부터는 유엔환경계획(UNEP)과 함께 'e-파란 어린이 환경 그림 대회' 행사를 개최하면서 어린이들에게 기후변화 대응의 중요성을 공유해 오고 있다.

(2) 사회 활동

사회 활동은 2012년부터 백혈병 소아암 어린이를 대상으로 치료비와 환아 자립을 위한 프로그램 연구와 심리치료를 지원하는 소아암 국민 인식개선 캠페인도 함께 진행하고 있다. 또한, '가파도 찰보리'를 전량 매입, 판매하여 판로 확보에 어려움을 겪고 있는 농가에 힘을 보태고 있고, 대구 성서점의 옥상을 공원으로 조성하여 지역사회로부터 큰 호응을 얻기도 하였다. 문화센터를 활용해서는 소외계층을 위한 교육 프로그램인 '배움 튜더링'을 지원하고 있다.

미래세대 ESG 교육지원 사업, 출처: 홈플러스 e파란재단

2019년에는 홈플러스 계열 무기 계약직 임직원 1만여 명을 정규직으로 전환하여 전체 임직원의 99%인 22,900여 명이 정규직이 되었다. '나눔과 상생'을 주제로 2022년에는 지점별로 지역사회와 협력회사 공동으로 저소득층의 삶의 질 향상을 위한 '릴레이 켐페인'을 시행하였다. 임직원이 만든 '나눔 플러스 봉사단'에서는 점포별로 봉사단을 운영하여 지역 내 소외 계층을 대상으로 생필품과 과자 키트를 정기적으로 제공하고 있다(홈플러스 e파란재단, 2023).

(3) 지배구조(거버넌스) 활동

지배구조 활동으로서는 경영 최고 의사결정 기구인 'ESG위원회'를 매월 개최하여 전략을 논의하고 있으며, 직원의 참여율을 높이기 위해 대의 기구인 '한마음협의회'를 통해 현장 직원들의 의견을 전달함으로써 ESG경영 활동 제반을 지원하고 있다.

다만, 우리나라의 대표적 ESG 평가기관 중의 하나인 한국ESG기준원(KCGS)에서는 홈플러스의 ESG 평가등급이 이마트와 롯데마트와는 달리 확인이 안 되고 있다. 홈플러스 ESG 관련 부서에서는 지속가능경영 보고서와 ESG 등급 평가를 현재 하고 있지 않은 것으로 확인되었다.

롯데마트

롯데쇼핑은 2021년 11월을 ESG 원년으로 선포하고 '고객의 첫 번째 쇼핑 목적지가 되는 것'이라는 비전과 'Dream Together for Better Earth'라는 슬로건을 기반으로 ESG 5대 과제를 추진해 오고 있다. 세부 계획으로는 첫째, 2040 탄소중립 추진과 자원 순환 체계를 구축하고, 둘째, 협력사와 지속가능한 공급망을 구축하여 함께 성장하는 생태계를 만들고, 셋째, 건전한 지배구조 구축과 '컴플라이언스' 준수로 신뢰받는 기업이 되겠다는 것이다. 또한, ESG 경영 활동을 담은 지속가능경영보고서를 발간해 주요 이해관계자들과 소통하고 있다.

지속가능경영보고서, 출처: 롯데쇼핑 홈페이지

이 보고서에는 롯데쇼핑의 사업 부문인 롯데백화점, 롯데마트, 롯데슈퍼, 롯데 e-커머스가 각각 진행하고 있는 ESG 추진 사업 내용과 성과가 기록되어 있으며, ESG 공시 국제표준 가이드라인 GRI(Global Reporting Initative)를 기준으로 작성되었다. 롯데쇼핑의 지속가능경영보고서는 미국의 머콤사가 주관하는 '2023 갤럭시 어워즈' 연간 보고서 인쇄물 분야의 '지속가능보고서' 부문에서 금상을 수상했고, 미국의 커뮤니케이션연맹(LACP)이 주관하는 '2022 비전 어워즈'에서 'ESG REPORT' 부문 대상과 '지속가능경영보고서' 부문 금상을 동시에 수상하였다. 롯데마트는 해당 보고서 기준으로 국내 111개 점포, 베트남 15개 점포, 인도네시아 50개 점포로 총 176개 점포를 운영 중이다.

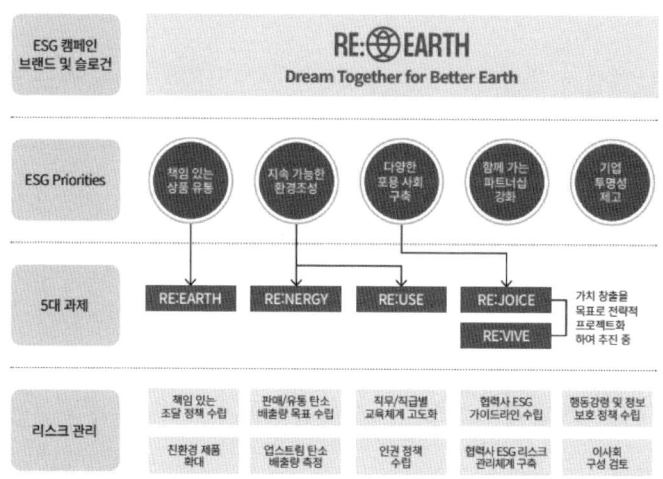

ESG경영 전략체계도, 출처: 롯데쇼핑 홈페이지

(1) 환경 활동

먼저, 환경 활동으로는 'Dream Together For Better Earth'라는 슬로건을 기반으로 소비자, 임직원, 주주, 파트너사 등 이해관계자와 함께 지속가능한 세상 만들기를 목표로 하고 있다. 에너지, 순환경제, 공급망 등 ESG 3대 핵심 과제를 바탕으로 액션플랜을 설정하여 추진하고 있다. 롯데마트는 2018년 환경점검 시스템 'FEMS'를 도입해 전사 차원의 시설물 안전점검과 최적의 에너지 사용··유지·관리를 하고 있다. 내부에 환경 담당 부서를 조직하고 환경 전문인력을 육성하여 온실가스 배출량을 관리하고 있으며, 롯데 환경 에너지 통합서비스(LETS)를 통해서는 온실가스 배출량과 에너지 사용량을 관리해 환경경영을 실천하고 있다.

또한, 에너지 경영시스템의 국제표준인 ISO 50001 인증을 획득하여 에너지 관리를 국제표준에 맞게 운영하고 있으며, 에너지 효율화를 위한 실천 활동으로 2021년부터 전 사업장의 노후화된 LED 조명을 고효율 LED로 전부 교체하였다. 2023년에는 냉장 쇼케이스 도어를 설치해 냉기 유출에 따른 에너지 손실을 방지하였다. 신재생에너지 확산을 목적으로 점포 옥상이나 주차장 유휴 부지를 활용하여 태양광 발전소를 구축하는 등 친환경 유통기업으로서의 브랜드 포지셔닝을 확실하게 하고 있다.

환경 분야에 특별하게 관심이 많은 롯데는 2023년부터 매장 내 발생하는 지류를 최소화하고자 종이 영수증, 가격표, 전단지를 모두 전자화하였다. 여기에 이산화탄소 발생 저감을 목적으로 2016년부터 고객이 직접 참여하는 'RE:EARTH 공병무인회수기', 2021년 '플라스틱 회수기'와 2022년 '즉석밥 용기 수거함' 등 자원 순환 촉진 시설을 전국 점포에 설치하여 소비자의 친환경 활동 참여를 유도하고 있다.

ESG 5대 과제. 출처: 롯데쇼핑 홈페이지

또한, 2022년 롯데마트 송파점은 서울시, 라이트브라더스와 업무협약을 체결하고 폐자전거를 재활용해 판매하는 '재생자전거 팝업스토어'를 오픈하였다. 버려진 자전거를 수거해 상품화하고, 주민들에게 판매하여 발생한 수익금을 지역 재활센터에 지원하고 있다. PB 상품인 생수 4종에 대해서는 무라벨로 교체하여 플라스틱 폐기물을 줄이고 재활용 편의성을 높여 '환경성적표지인증'을 획득하는 등 제품의 생산 및 판매에 이르는 전 과정에서 환경에 미치는 영향이 적은 녹색 제품을 활성화하는 발판을 마련하였다. 전국 55개 점포에서는 녹색 제품을 판매하는 환경부의 '녹색매장'을 운영하고 있다.

그밖에 하천에서 쓰레기를 줍는 '플로깅' 친환경 캠페인을 임직원과 시민들이 함께하는 행사를 진행하는 등 롯데마트의 다양한 노력으로 한국경영인증원(KMR)으로부터 '2023 그린스타' 인증을 2022년에 이어 2년 연속 받았다. 대형마트 중에서 롯데마트만이 유일하게 '그린스타(친환경성을 인정받은 상품과 서비스를 선정하는 인증제도)' 인증을 획득하였다.

(2) 사회 활동

사회 활동은 협력사 동반성장과 지역의 소상공인 및 중소기업 판로지원, 지역민 사회공헌 활동에 관심을 두고 있다. 예컨대, 롯데마트와 거래하는 중·소파트너사의 자금 운용을 원활하게 지원하기 위해 800억 규모의 '동반성장펀드'를 조성하였고, 파트너사의 ESG 역량 제고를 위해 ESG 컨설팅 지원과 직무역량 강화를 위한 교육 플랫폼을 구축하고, 83개 협력사를 대상으로 ESG경영 교육을 시행하였다.

이러한 노력으로 롯데마트는 '2022년 동반성장지수 체감도 조사'에서 도·소매업종 부문 1위를 차지하였다. 또한, 과학기술정보통신부 산하 연구개발특구진흥재단과 업무협약을 체결해 특구 5개 지역(대구, 전북, 광주,

대구, 부산) 내 ESG 친환경 제품을 생산하는 중·소기업에게 판매 지원을 하고 있다. 지원 기업에 선정되면 상품화 과정에서 전문가의 컨설팅을 통해 상품의 전문성을 높이고, 롯데마트 매장과 팝업스토어 입점을 지원해 주고 있다.

2022년에는 펫 전문 브랜드인 '콜리올리'와 공동으로 유기견 지원 프로그램인 '걷기 기부 챌린지'를 개최하여 걷기 플랫폼인 '워크온' 앱을 설치하고, 반려견과 함께 산책하면서 참여자가 목표한 누적 걸음을 달성하게 되면 유기견 지원 시설에 기부금을 지원하고 있다. 소외 계층을 위해서는 매월 매장에서 발생하는 유통기한 임박 상품을 모아 '푸드뱅크'에 기부하여 결식아동, 독거노인 등 저소득 계층에게 전달하고 있다. 또한, 각 지점별로 결성된 '샤롯데봉사단'에서는 자매결연을 맺은 지역 아동복지시설을 대상으로 월별 물품 지원과 봉사 활동을 하고 있다.

(3) 지배구조(거버넌스) 활동

지배구조 활동으로서는 투명하고 공정한 인사 시스템과 협력적 노사문화, 임직원 인권, 이사회 활동에 주안을 두고 있다. 인사 프로세스, 채용, 이동배치, 교육 훈련, 승진·승격, 보상, 퇴직으로 구분하여 개별 관리를 하고 있다. 대표적인 사례가 '경력개발제도'인데 내부적으로 공석이 발생할 경우 임직원을 대상으로 지원을 받아 직무 적합도를 검증한 후에 직무를 변경하는 제도이다. 정년 퇴직자와 희망 퇴직자를 대상으로는 진로 설계와 취업 알선을 지원하는 '재취업 지원 서비스'도 운영 중이다.

롯데쇼핑은 2007년 업계 최초로 UN 글로벌 콤팩트(UNGC)에 가입하여 인권, 환경, 반부패와 관련한 인권 정책을 추진하고 있다. 점포 내 '행복상담실'을 운영하고, 임직원과 파트너사의 인권 침해 사례를 조사하여 관련 조치를 취하고 있다. 협력적 노사 문화를 만들기 위해 2020년부터는 다대다 익명게시판인 '마트통'을 운영 중이다. 임직원의 건의사항, 고충, 불만, 요청 등을 여러 임직원이 토론하여 건설적인 해결책을 찾는 자리이다.

또한, 고용노동부의 '근로 혁신 10대 제안'을 현장에 적용해 수요일과 금요일은 '회의 없는 날'로 지정하여 업무 효율성을 높이고자 하였다. 이러한 노력으로 2022년 유통업계 최초로 안전보건경영의 국제표준인 ISO 45001을 획득하고, 국제기준에 기반한 '안전보건경영시스템'을 수립하였다. 이사회 운영과 구성, 이사 선임은 독립적이고 다양성과 전문성을 기반으로 다양한 이해관계자들의 권익을 보호하고 있다(지속가능경영보고서, 2022).

우리나라의 대표적 ESG 평가기관 중의 하나인 한국ESG기준원(KCGS)에서는 롯데쇼핑의 2023년 ESG 등급을 환경 A, 사회 A+, 지배구조 부문에서 A, ESG 종합등급은 A로 각각 평가하였다.

대형마트의 ESG경영 활동 비교

대형마트별 ESG경영 활동 주요 내용

구분	마트	주요 내용
환경	이마트	2030 탄소 32.8% 감축(이마트 Net Zero Report 2023 발간/탄소중립포인트), 친환경 소비문화 확산(Plastic free tomorrow·플라스틱 회수·연안정화)/Paperless tomorrow·모바일 영수증/Forest tomorrow·숲 환경·산림복지), 폐기물 저감, 기후변화 대응(태양광 발전소/업무용 전기차·충전소 확대/녹색매장/녹색 건축인증매장/에너지 절감), 순환경제구축, Green Store, Green Product, Green Culture, PSI(지속가능상품 유통/자연주의/원재료/소싱) 등
	홈플러스	2025년까지 플라스틱 사용 줄이기(1만 톤), 종이 550톤 감축, 온실가스 15% 감축(2016 대비/고효율 LED 조명교체), 친환경 PB 상품 개발, e-파란 어린이 환경 그림대회 등
	롯데마트	2040 탄소중립(SBTi 가입), 자원순환체계구축(공병 무인회수기/플라스틱 회수기/즉석방음기 수거함), 지속가능상품(환경성적표지인증), 재생자전거 팝업스토어, ISO 50001, LED 조명교체, 시설관리통합시스템(FEMS), 롯데 환경 에너지 통합서비스, 냉장쇼케이스 도어, 태양광발전소, 전자영수증, 무라벨 PB, 녹색매장, 플로깅, 그린스타 등
사회	이마트	공급망 ESG관리(판로지원), 협력사 ESG 역량지원, 동반성장펀드, 임직원 존중(공정인사/근무환경/인재육성/주 35시간 근무제/복지) 고객만족도제고, 제품안전 및 품질, 희망나눔 프로젝트, 이마트 옐로카펫, 희망배달 캠페인, 희망 배달마차, 희망나눔 주부봉사, ISO45001, e-Care센터, 키즈라이브러리 장남감도서관, 노브랜드 상생 프로젝트
	홈플러스	교육기부, 나눔활동, 1점포 가정결연, 소아암 국민 인식개선 캠페인, 가파도 찰보리 전량매입, 옥상공원 조성(성서점), 배송튜터링(소외계층), 무기계약직 정규직 전환(2019), 릴레이 캠페인 등
	롯데마트	인재경영(공정인사시스템/경력개발제도/재취업지원), 지속가능공급망 구축, 동반성장펀드, 파트너사 ESG 역량지원, 유기견 지원시설 기부, 푸드뱅크, 샤롯대봉사단, 고객만족도 1위(KCSI), 협력적 노사문화(마트톱), 임직원 인권(2007년 UNGC 가입/행복상담실), ISO45001 등
지배구조	이마트	이사회(독립성/다양성/전문성), ESG 위원회, 공정거래, 반부패/윤리경영, 정보보안 및 개인정보 보호, 전자회계 시스템, 3대(물류, 신세계페이, 치인거래) 신고제도, 신세계 RISK 관리시스템, 신문고 등
	홈플러스	이사회, ESG 위원회, 한마음협의회(임직원)
	롯데마트	이사회(독립성/다양성/전문성), ESG 위원회, 컴플라이언스, 준법·윤리경영(공정거래 자율준수), 정보 및 개인정보 보호, 내부회계관리제도, 이해관계자 소통체계, ISMS 인증유지
ESG 슬로건	이마트	지구의 내일을 우리가 함께
	홈플러스	Homeplus All for Zero
	롯데마트	Dream Together for Better Earth
ESG 공시	이마트	지속가능경영보고서(2022년/GRI 기반)
	홈플러스	미발간
	롯데마트	지속가능경영보고서(2022년/GRI 기반), 롯데쇼핑으로 통합 발간
ESG 등급	이마트	환경:A+, 사회:A, 지배구조:B+, 종합:A (한국ESG기준원, 2023년)
	홈플러스	등급 미확인(한국ESG기준원, 2023년)
	롯데마트	환경:A, 사회:A+, 지배구조:A, 종합:A (한국ESG기준원, 2023년)

출처: 이마트·롯데마트:지속가능보고서, 홈플러스: 홈페이지 기반으로 필자 재정리

이상으로 이마트, 홈플러스, 롯데마트의 ESG경영 활동에 관한 내용을 각 사의 지속가능경영보고서와 홈페이지를 기반으로 살펴보았다. ESG 등급은 우리나라의 대표적 ESG 평가기관 중의 하나인 한국ESG기준원(KCGS)의 2023년 평가를 참조하였다.

유통업은 플랫폼 사업이다. 수많은 협력사로부터 공급받은 상품과 서비스가 한 곳으로 모이는 곳이 소매 유통이기에 지속가능경영을 현장에서 실천하기가 쉽지 않은 업종이다. 영국의 소매 유통업인 막스&스펜서(Marks&Spencer)는 1996년 3월, 영국을 진원지로 유럽을 강타한 광우병 파동으로부터 공급망 관리의 중요성을 경험하고, 공급망 관리와 환경의 지속가능성 확보만이 기업의 지속가능경영의 핵심 경쟁력이 될 것으로 판단하였다. 이에 그동안 사회공헌 수준에 머물렀던 CSR을 공급망 전체에 사회적, 환경적 책임 관리로 확대하는 전략을 수립하였다.

Marks&Spencer 매장, 출처: 홈페이지

2007년 이후 오랜 기간 준비하면서 100개 이상의 프로젝트를 공급망 전체에 하나씩 하나씩 적용하여 오늘날 막스&스펜서의 지속가능경영 시스템을 만들었다. 결국, 대형마트의 지속가능경영 활동도 혼자서 할 수 있는 프로젝트가 아니다. 따라서 국내의 대형마트들도 ESG를 캠페인과 홍보, 사회공헌성 차원의 활동을 넘어 막스&스펜서처럼 주력 제품과 서비스를 최우선으로 하는 체계적인 공급망 ESG 관리로 협력사와 오랜 기간 함께하는 파트너십 프로그램을 더욱 강화할 필요가 있다.

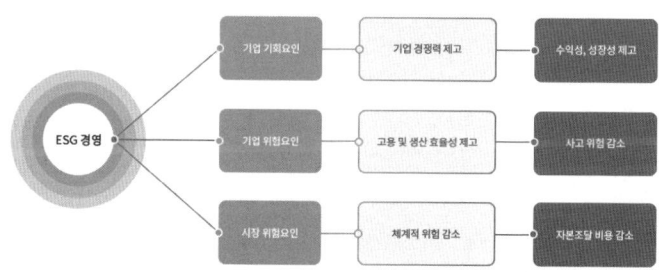

출처: 자본시장연구원/KRX ESG 포털

또한, 전 세계적으로 공급망의 ESG 규제 강화와 관련 리스크가 증가하고 있는 위협 요인이 오히려 기업의 제품과 서비스 경쟁력을 강화할 수 있는 기회 요인도 되고 있다는 것에 주목할 필요가 있다.

**고객은
이런 매장에 간다**

5장

고객은 이런 매장에 간다

평소의 궁금증

　ESG경영을 이제는 선택이 아닌 기업의 필수 생존전략으로 인식되고 있는 상황에서 대기업들은 주도적이고, 선제적으로 추진하고 있지만, 특히 중소·중견기업들 중 아직도 많은 기업에서는 방향도 못 잡고 있는 게 현실이다. 즉, 기업 입장에서는 당장 인력과 막대한 비용이 투입되는 선택의 여지가 없는 상황에서 'ESG경영이 과연 기업의 지속가능한 성장에 얼마나 큰 도움이 될 수 있을까?'라는 현실적 고민이 커질 수밖에 없다.

　ESG에 대한 비판론이 나오는 배경도 '고비용의 ESG → 기업의 성과 창출' 등식 성립에 대한 기업인들의 일부 의구심도 한몫하고 있다 할 수 있다. ESG가 유럽연합(EU)과 미국, UN 등 다양한 조직과 기구(이니셔티브)별로 규제화, 법제화하고 있는 상황이다 보니 지금은 기업이 자발적이기보다는 어쩔 수 없이 비용을 감수하면서 시행할 수밖에 없는, 즉 '하라니까 하는 식'의 모습이 있다 해도 과언이 아닐 듯싶다.

　따라서 본 장에서는 국내 대형마트별로 추진 중인 다양한 ESG경영 활동이 소비자 재이용 의도에 어떠한 영향을 미치는지, 유통업에 다년간 종사했던 필자의 평소 궁금증에 대한 실증적 연구 결과(2023년)의 핵심을 중심으로 소개하고자 한다.

연구 배경 및 방법

(1) 연구 배경

글로벌 이슈인 ESG경영이 전 세계적으로 확산되며 기업경영의 새로운 글로벌 패러다임으로 자리매김하고 있다. 또한, 장기간의 코로나19 팬데믹이 소비자의 구매 성향을 오프라인에서 온라인으로 빠르게 전환시키는 촉매제 역할을 하기도 하였다. 이로 인해 오프라인에 기반을 둔 많은 소매 점포나 기업들의 경영 실적이 기대치에 못 미치는 등 경영상 애로를 장시간 겪어야만 했다.

특히, 한국 유통산업의 한 축을 30여 년 가까이 핵심적 기능을 수행해 온 국내 대형마트들도 코로나19 팬데믹과 소위 '쿠팡 효과'로 인해 e커머스와의 공격적인 영업 활동이 한계일 수밖에 없는 상황에 이르기도 하였다. 따라서 국내 대형마트들은 마트의 본질인 'Every Day Low Price(상시 저가 정책)' 기반의 영업전략이 과연 지속가능한 성장의 핵심 인자일까'에 대한 중·장기적 관점에서의 신중한 전략적 검토가 필요한 시점에 도래했다고 할 수 있다. 또한, 최근 ESG가 확산하고 있는 국내·

외 경영 환경에서 소비자들이 기업을 바라보는 시각과 제품, 서비스에 대한 선택 기준도 달라지는 모습이다.

즉, ESG경영에 적극적인 기업의 제품과 서비스에 대한 소비자들의 선호도가 증가하고 소비로 이어지고 있다. 특히, MZ세대 중심으로 일명 '가치 소비'라 할 수 있는 'ESG 소비'가 확산하고 있는 모습이 여러 조사에서 나타나고 있다. 따라서 필자는 대형마트별로 시행하고 있는 '대형마트의 인지된 ESG경영 활동이 소비자 재이용 의도에 미치는 영향'에 관한 실증조사가 필요하다고 생각하였다. 최근 대형마트의 실적 둔화와 소비자의 e커머스 구매 확산이라는 시장 환경 변화에 맞추어 필자의 연구 목적을 다음과 같이 설정하였다.

첫째, 국내 3대 대형마트(이마트, 롯데마트, 홈플러스)의 인지된 ESG경영 활동이 소비자 재이용 의도에 미치는 영향을 규명한다.
둘째, 3대 대형마트의 인지된 ESG경영 활동과 고객 충성도와의 관계에서 기업 이미지, 기업 신뢰도, 소비자 태도의 매개 효과를 규명한다.
셋째, 기업 신뢰도, 기업 이미지, 소비자 태도가 소비자 재이용 의도에 미치는 영향을 규명한다.
넷째, 기업 이미지, 기업 신뢰도, 소비자 태도와 소비자 재이용 의도와의 관계에서 고객 충성도의 매개 효과를 규명한다.
다섯째, 성별, 나이, 직업, 학력, 소득, 거주지역, 거주 형태별 인구통계학적 특성에 따른 주 이용 마트 간의 상관관계를 분석한다.
여섯째, 3대 대형마트별 소비자의 인지된 ESG경영 활동 인식에 어떠한 차이가 있는지를 분석하는 것이다.

이러한 분석 결과는 코로나19 팬데믹을 거치면서 소비자의 구매 성향이 오프라인 매장에서 온라인 중심으로 변화하고, 전 세계적으로 ESG경영이 확산하고 있는 경영 환경에서 향후 국내 대형마트가 나아갈 중·장기적 관점에서의 지속가능한 성장전략 수립에 실질적인 도움을 줄 것으로 기대한다. 또한, 대형마트의 전통적 영업(EDLP, 상시 저가 정책) 방식에서 벗어나기 위한 새로운 대안으로써 소비자와 동반 성장하는 대형마트의 전략적 시사점을 찾고자 하였다.

(2) 연구 방법

필자의 연구는 '국내 대형마트의 ESG경영 활동이 소비자 재이용 의도에 미치는 영향'에 관한 분석으로, 설문조사로 수집된 데이터를 기반으로 'ESG경영 활동과 재이용 의도에 미치는 영향관계'와 이 과정에서 기업 이미지, 기업 신뢰도, 소비자 태도, 고객 충성도를 매개로 하여 어떠한 영향을 미치는지에 대해 살펴보는 것이다.

먼저, 국내 3대 매이저 대형마트인 이마트, 롯데마트, 홈플러스에서 최소 월 1회 이상 정기적으로 이용한 경험이 있는 소비자를 표본으로 하여 검증된 구조화된 설문지를 사용하여 온라인(모바일)으로 조사하였다. 설문조사는 조사의 타당성과 신뢰성 확보를 위해 설문조사 전문기관에 의뢰하여 관련 자료를 수집하여 분석하였다. 본 연구를 위해 표본으로 선정된 유효한 응답자는 572명이다.

수집된 자료는 통계패키지 프로그램(SPSS 25.0)으로 빈도 분석, 측정 문항의 타당성 확보를 위해 탐색적 요인 분석과 신뢰성 분석을 하였다. 각 변수의 상관관계를 알아보기 위해 상관관계 분석을 하였고, 다중회귀 및 매개회귀 분석을 실시하였다.

또한, 인구통계학적 특성과 주로 이용하는 대형마트 간의 차이 분석 그리고 3대 대형마트(이마트, 롯데마트, 홈플러스)에 대한 소비자의 인지된 ESG경영 활동별 인식 차이를 확인하기 위해 One-Way ANOVA 분석을 실시하였다.

 연구 모형과 조사 설계

(1) 연구 모형

본 연구의 핵심인 '대형마트의 인지된 ESG경영 활동이 소비자 재이용 의도에 미치는 영향'을 검정하기 위해 선행 연구를 기반으로 연구 모형을 구성하였다.

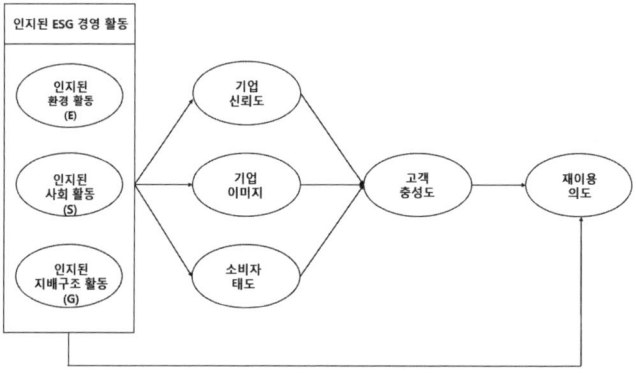

연구 모형

(2) 연구 가설

본 연구의 목적을 달성하기 위하여 다음과 같은 가설을 설정하였다.

1) 인지된 ESG경영 활동과 대형마트 재이용 의도와의 관계(H1)

H1. 대형마트의 인지된 ESG경영 활동은 소비자의 재이용 의도에 유의미한 정(+)의 영향을 미칠 것이다.

H1-1. 대형마트의 인지된 환경 활동은 소비자의 재이용 의도에 유의미한 정(+)의 영향을 미칠 것이다.

H1-2. 대형마트의 인지된 사회 활동은 소비자의 재이용 의도에 유의미한 정(+)의 영향을 미칠 것이다.

H1-3. 대형마트의 인지된 지배구조 활동은 소비자의 재이용 의도에 유의미한 정(+)의 영향을 미칠 것이다.

2) 인지된 ESG경영 활동과 고객 충성도 관계 간의 기업 신뢰도의 매개 효과(H2)

H2. 대형마트의 인지된 ESG경영 활동과 고객 충성도 간의 관계를 기업 신뢰도가 매개할 것이다.

H2-1. 대형마트의 인지된 환경 활동과 고객 충성도 간의 관계를 기업 신뢰도가 매개할 것이다.

H2-2. 대형마트의 인지된 사회 활동과 고객 충성도 간의 관계를 기업 신뢰도가 매개할 것이다.

H2-3. 대형마트의 인지된 지배구조 활동과 고객 충성도 간의 관계를

기업신뢰도가 매개할 것이다.

3) 인지된 ESG경영 활동과 고객 충성도 관계 간의 기업 이미지의 매개 효과(H3)

H3. 대형마트의 인지된 ESG경영 활동과 고객 충성도 간의 관계를 기업 이미지가 매개할 것이다.

H3-1. 대형마트의 인지된 환경 활동과 고객 충성도 간의 관계를 기업 이미지가 매개할 것이다.

H3-2. 대형마트의 인지된 사회 활동과 고객 충성도 간의 관계를 기업 이미지가 매개할 것이다.

H3-3. 대형마트의 인지된 지배구조 활동과 고객 충성도 간의 관계를 기업이미지가 매개할 것이다.

4) 인지된 ESG경영 활동과 고객 충성도 관계 간의 소비자 태도의 매개 효과(H4)

H4. 대형마트의 인지된 ESG경영 활동과 고객 충성도 간의 관계를 소비자 태도가 매개할 것이다.

H4-1. 대형마트의 인지된 환경 활동과 고객 충성도 간의 관계를 소비자 태도가 매개할 것이다.

H4-2. 대형마트의 인지된 사회 활동과 고객 충성도 간의 관계를 소비자 태도가 매개할 것이다.

H4-3. 대형마트의 인지된 지배구조 활동과 고객 충성도 간의 관계를 소비자 태도가 매개할 것이다.

5) 기업 신뢰도와 재이용 의도와의 관계(H5)

H5. 기업 신뢰도는 소비자의 재이용 의도에 영향을 미칠 것이다.

6) 기업 이미지와 재이용 의도와의 관계(H6)

H6. 기업 이미지는 소비자의 재이용 의도에 영향을 미칠 것이다.

7) 소비자 태도와 재이용 의도와의 관계(H7)

H7. 소비자 태도는 소비자의 재이용 의도에 영향을 미칠 것이다.

8) 가설 5, 6, 7에 대한 고객 충성도의 매개 효과(H8)

H8-1. 기업 신뢰도와 재이용 의도의 관계를 고객 충성도가 매개할 것이다.

H8-2. 기업 이미지와 재이용 의도의 관계를 고객 충성도가 매개할 것이다.

H8-3. 소비자 태도와 재이용 의도의 관계를 고객 충성도가 매개할 것이다.

(3) 변수의 조작적 정의 및 측정 도구

1) 인지된 ESG경영 활동

인지된 ESG경영 활동은 소비자가 인지한 기업의 ESG 활동의 정도를 말한다. 본 연구에서는 Koh et al.(2022)의 연구를 참고하여, 소비자가 인지한 ESG에 대한 문항을 환경 활동 6개 문항, 사회 활동 7개 문항, 지배구조 활동 6개 문항, 총 19개 문항으로 구성하여 설문조사를 실시하였다. 일부 문항의 경우 불성실한 응답을 걸러내기 위해 리버스(Reverse) 문항으로 변형하여 측정하였다.

2) 기업 신뢰도

기업 신뢰도는 기업 혹은 브랜드가 약속한 바를 얼마나 지속적으로 제공할 수 있는가로 정의하였다(Erdem et al., 2002; Erdem & Swait, 2001). 〈소비자가 인지한 기업의 ESG 활동 연구〉와 그와 비슷한 맥락인 〈기업의 사회적 책임(CSR: Corporate Social Responsibility) 연구〉 중에서 기업 신뢰도를 사용한 연구에서 본 연구와 일치하는 Erdem et al.(2002)과 Hur et al.(2014) 문항을 선택하여 측정하였다.

3) 기업 이미지

기업 이미지는 소비자가 기업 혹은 브랜드에 대하여, 소비자의 기억 속에서 연결되어 있는 브랜드에 대한 의미들과 연합된 인식으로 정의하였다(Aaker, 1991; Keller, 1993). ESG, CSR과 관련하여 기업과 브랜드 이미지를 연구한 Lee & Lee(2018)과 Koh et al.(2022)의 문항을 선택하여 측정하였다.

4) 소비자 태도

Rivera et al.(2016)는 기업의 CSR과 소비자 만족을 매개하는 변수로써 브랜드 이미지 대신에 소비자 태도로 볼 것을 주장하였다. 소비자 태도는 한순간의 감정보다 대상에 대한 평가로 인해 지속적으로 가지고 있는 감정적 요인으로 정의하였다(Ajzen & Fishbein, 2000). 본 연구에서는 Koh et al.(2022)와 Bianchi et al.(2019)의 연구에서 사용된 소비자 태도를 참고하여 측정하였다.

5) 고객 충성도

고객 충성도는 소비자가 반복적으로 같은 브랜드 혹은 브랜드와 관련된 제품을 사도록 하는 깊은 헌신적인 마음으로 정의하였다(Oliver, 1999). 고객 충성도에 관한 다수의 연구 중에서 ESG와 가장 유사한 맥락인 CSR 관련 연구인 Gürlek et al.(2017)의 연구에서 사용된 척도를 선택하여 측정하였다.

6) 재이용 의도

재이용 의도는 같은 제품과 서비스, 혹은 브랜드 등에 대하여, 지속적으로 반복하여 구매하거나 이용할 의사를 의미한다(Hellier et al., 2003). 본 연구에서는 Bianchi et al.(2019)의 연구와 Le et al.(2021)의 연구에서 사용된 재이용 의도 문항을 선택하여 측정하였다.

(4) 자료 수집 및 분석 방법

1) 자료 수집

우리나라 인구의 절반(50.7%) 가까이가 거주하고 있고, 대형마트 점포가 집중되어 있는 서울·경기·인천 지역에 소재한 3대 대형마트(이마트, 롯데마트, 홈플러스)를 이용하는 소비자를 대상으로 하였다. 본 조사는 설문조사 전문기관을 통해 온라인(모바일) 설문조사를 시행(2023년 5월 9일부터 2023년 5월 18일)하였다. 연구 대상은 한 달에 1회 이상 국내 대형마트 3사 중 한 곳 이상을 정기적으로 이용하는 소비자들이다. 표본 구성은 대형마트 소비자의 인구통계학적 특성을 참고하여, 성별과 연령대 등이 모집단과 유사하게 되도록 맞추어, 해당 표본이 모집단을 대표할 수 있도록 하였다.

연도별 수도권 주민등록인구 추이(단위: 명, %)

연도	2019	2020	2021	2022	2023
전체	51,849,861	51,829,023	51,638,809	51,439,038	51,325,329
서울	9,729,107	9,668,465	9,509,458	9,428,372	9,386,034
인천	2,957,026	2,942,828	2,948,375	2,967,314	2,997,410
경기	13,239,666	13,427,014	13,565,450	13,589,432	13,630,821
수도권 소계	25,925,799	26,038,307	26,023,283	25,985,118	26,014,265
수도권 비중	50.0	50.2	50.4	50.5	50.7

출처: 통계청·행정안전부, 2023.12.

전체 표본 수는 대형마트별 이용객의 특성을 비교하기 위해 마트별 표본을 200명으로 계획하였다. 리버스 문항 및 한 줄 응답을 제외하고 해당 인원만큼 추가로 설문을 진행하는 과정에서 이마트 이용자 202명, 롯데마트 이용자 185명, 홈플러스 이용자 185명 총 572명의 유효 표본이 모집되었다.

2) 분석 방법

본 연구의 자료 분석 방법은 사회과학의 연구 자료를 분석하기 위해 고안된 통계 패키지 프로그램(SPSS 25.0)을 이용하여 실증 분석하였다. 본 연구에서 사용한 주요한 통계 분석 방법으로는 빈도 분석, 교차 분석, 타당성 분석, 신뢰성 분석, 상관 분석, 분산 분석, 다중회귀 분석, Baron & Kenny(1986)의 3단계 위계적회귀 분석 및 Sobel test를 추가로 시행하였다(Sobel, 1982).

주요 내용을 살펴보면, 먼저 표본이 실제 모집단의 특성을 제대로 반영하는지를 확인하기 위하여, 빈도 분석을 통해 인구통계학적 특성이 국내 대형마트 이용객들과 유사한지 확인하였다. 다음으로는 3대 대형마트별 이용객의 인구통계학적 특성 차이에 대한 교차 분석을 수행하였다.

각 측정 변수의 타당성 검정과 변수의 측정을 위하여 요인 분석을 실시하였다. 요인 분석은 주성분 분석(Principal Component Analysis) 방법으로 실시하였고 요인의 회전은 직각 회전(Varimax rotation)을 실시하였다. 요인 분석 결과로 나타난 변수의 '내적 일관성'을 검증하기 위해 신뢰성 분석을 실시하였고, 신뢰성 분석은 '크론바흐 알파계수(Cronbach's alpha coefficient)'를 사용하였다.

대형마트별 인지된 ESG경영 활동이 실제 소비자들에게 어떤 차이로 인식되었는지를 확인하기 위하여, 각 대형마트를 독립변수, 인지된 ESG

경영 활동을 종속변수로 한 분산 분석을 수행하였다. 또한, 대형마트별 차이를 명확하게 확인하기 위해 사후 분석으로 'Bonferroni 검정'을 시행하였다.

다중회귀 분석(multiple regression analysis)은 두 개 이상의 독립변수들이 하나의 종속변수에 미치는 영향을 측정하는 방법으로 인지된 ESG 경영 활동과 소비자 재이용 의도와의 인과관계를 규명하기 위하여 다중회귀 분석을 실시하였다. 매개 효과 확인을 위해 Baron & Kenny(1986)의 3단계 회귀 분석 및 Sobel test를 추가로 시행하였다(Sobel, 1982).

본 연구는 연구 가설의 통계적 검정력을 좀 더 증가시키기 위하여 유의수준을 $p \leq .05$로 하였다.

실증 분석

(1) 표본의 일반적 특성

1) 인구통계학적 특성

<표 1> 인구통계학적 특성

구분	구분	빈도(N=500)	%
성별	남성	226	39.5
	여성	346	60.5
연령	만 20~29세	147	25.7
	만 30~39세	149	26.0
	만 40~49세	135	23.6
	만 50세 이상	141	24.7
월 소득(세후)	200만 원 미만	126	22.0
	200만 원 이상 400만 원 미만	254	44.4
	400만 원 이상 600만 원 미만	125	21.9
	600만 원 이상	67	11.7
최종학력	고등학교 졸업 이하	90	15.7
	전문대학 재학 및 졸업	78	13.6
	대학교 재학 및 졸업	355	62.1
	석사학위 이상	49	8.6
직업	학생	43	7.5
	주부	72	12.6
	회사원	264	46.2
	공무원	30	5.2
	자영업	46	8.0
	전문직	47	8.2
	기타	70	12.2
거주지역	수도권(서울, 경기도, 인천)	358	62.6
	비수도권	214	37.4
거주 형태	아파트	404	70.6
	아파트 외 (단독주택, 오피스텔, 원룸 등)	168	29.4

표본으로 선정된 유효 응답자 572명의 인구통계학적 특성은 〈표 1〉과 같다.

성별로는 남성 226명(39.5%), 여성 346명(60.5%)으로 조사되었다. 이는 2022년도 한국 갤럽이 조사한 〈마켓70 2022 (3) 유통 매장 7종 방문 경험률〉 리포트의 '한 달 내 대형마트 이용 경험 유무의 비율(남성: 44%, 여성: 57%)'과 비슷한 응답률을 보였다.

응답자의 연령대는 만 20~29세 147명(25.7%), 만 30~39세 149명(26.0%), 만 40~49세 135명(23.6%), 만 50세 이상이 141명(24.7%)으로 연령대별로 균등하게 나타났다. 월 소득은 200만 원 미만 126명(22%), 200만 원 이상 400만 원 미만 254명(44.4%), 400만 원 이상 600만 원 미만 125명(21.9%), 그리고 600만 원 이상이 67명(11.7%)으로 조사되었다.

최종학력 분포는 고등학교 졸업 이하 90명(15.7%) 전문대학 재학 및 졸업 78명(13.6%), 대학교 재학 및 졸업 355명(65.1%), 석사학위 이상이 49명(8.6%)으로 대학 이상의 학력이 73.7%를 차지하였다.

직업분포는 학생 43명(7.5%), 주부 72명(12.6%), 회사원 264명(46.2%), 공무원 30명(5.2%), 자영업 46명(8.0%), 전문직 47명(8.2%), 기타 70명(12.2%)으로 나타났다

거주지역의 경우 수도권(서울, 경기도, 인천)에 거주하는 응답자가 358명

으로 전체 응답자의 62.6%를 차지했고, 비수도권에 거주하는 응답자는 214명으로 37.4%로 나타났다. 거주 형태는 아파트가 404명 (70.6%), 아파트 외(단독주택, 오피스텔, 원룸 등)에 거주한다는 응답자가 168명으로 전체 응답자 중 29.4%를 차지하는 것으로 나타났다.

2) 대형마트별 이용자 특성

대형마트별 이용자의 인구통계학적 특성은 〈표 2〉와 같다.

〈표 2〉 대형마트별 이용자 특성

구분			주 이용마트			총계
			이마트	롯데마트	홈플러스	
성별	남성	개수	92	69	65	226
		이용 마트 내 %	45.5%	37.3%	35.1%	39.5%
	여성	개수	110	116	120	346
		이용 마트 내 %	54.5%	62.7%	64.9%	60.5%
연령	만 20~29세	개수	41	57	49	147
		이용 마트 내 %	20.3%	30.8%	26.5%	25.7%
	만 30~39세	개수	46	54	49	149
		이용 마트 내 %	22.8%	29.2%	26.5%	26.0%
	만 40~49세	개수	49	33	53	135
		이용 마트 내 %	24.3%	17.8%	28.6%	23.6%
	만 50세 이상	개수	66	41	34	141
		이용 마트 내 %	32.7%	22.2%	18.4%	24.7%
월 소득 (세후)	200만 원 미만	개수	44	37	45	126
		이용 마트 내 %	21.8%	20.0%	24.3%	22.0%
	200만 원 이상 400만 원 미만	개수	91	85	78	254
		이용 마트 내 %	45.0%	45.9%	42.2%	44.4%
	400만 원 이상 600만 원 미만	개수	41	42	42	125
		이용 마트 내 %	20.3%	22.7%	22.7%	21.9%
	600만 원 이상	개수	26	21	20	67
		이용 마트 내 %	12.9%	11.4%	10.8%	11.7%
최종학력	고등학교 졸업 이하	개수	32	30	28	90
		이용 마트 내 %	15.8%	16.2%	15.1%	15.7%
	전문대학 재학 및 졸업	개수	34	18	26	78
		이용 마트 내 %	16.8%	9.7%	14.1%	13.6%
	대학교 재학 및 졸업	개수	117	124	114	355
		이용 마트 내 %	57.9%	67.0%	61.6%	62.1%
	석사학위 이상	개수	19	13	17	49
		이용 마트 내 %	9.4%	7.0%	9.2%	8.6%
직업	학생	개수	11	16	16	43
		이용 마트 내 %	5.4%	8.6%	8.6%	7.5%
	주부	개수	22	26	24	72
		이용 마트 내 %	10.9%	14.1%	13.0%	12.6%
	회사원	개수	99	95	70	264
		이용 마트 내 %	49.0%	51.4%	37.8%	46.2%
	공무원	개수	9	9	12	30
		이용 마트 내 %	4.5%	4.9%	6.5%	5.2%
	자영업	개수	19	8	19	46
		이용 마트 내 %	9.4%	4.3%	10.3%	8.0%
	전문직	개수	15	16	16	47
		이용 마트 내 %	7.4%	8.6%	8.6%	8.2%
	기타	개수	27	15	28	70
		이용 마트 내 %	13.4%	8.1%	15.1%	12.2%
거주지역	수도권(서울, 경기도, 인천)	개수	142	112	104	358
		이용 마트 내 %	70.3%	60.5%	56.2%	62.6%
	비수도권	개수	60	73	81	214
		이용 마트 내 %	29.7%	39.5%	43.8%	37.4%
거주 형태	아파트	개수	144	132	128	404
		이용 마트 내 %	71.3%	71.4%	69.2%	70.6%
	아파트 외 (단독주택, 오피스텔, 원룸 등)	개수	58	53	57	168
		이용 마트 내 %	28.7%	28.6%	30.8%	29.4%

주 이용 마트에 따른 성별 차이에서 이마트 이용자는 남성 92명(45.5%), 여성 110명(54.5%), 롯데마트 이용자는 남성 69명(37.3%), 여성 116명(62.7%), 홈플러스 이용자는 남성 65명(35.1%), 여성 120명으로 조사됐다. 상대적으로 이마트 이용자 중 남성의 비율이 롯데마트, 홈플러스에 비해 높고, 여성의 비율이 낮은 것으로 나타났다.

주 이용 마트에 따른 연령대 차이에서 이마트 이용자는 만 20~29세 41명(20.3%), 만 30~39세 46명(22.8%), 만 40~49세 49명(24.3%), 만 50세 이상은 66명(32.7%)이다. 롯데마트 이용자는 만 20~29세 57명(30.8%), 만 30~39세 54명(29.2%), 만 40~49세 33명(17.8%), 만 50세 이상은 41명(22.2%)이다. 홈플러스 이용자는 만 20~29세 49명(26.5%), 만 30~39세 49명(26.5%), 만 40~49세 49명(26.5%), 만 50세 이상은 34명(18.4%)으로 조사됐다. 이마트 이용자는 만 50세 이상이, 롯데마트 이용자는 만 20~29세가 높게 나타나고, 홈플러스 이용자는 오히려 만 50세 이상에서 이용률이 낮게 나타났다.

주 이용 마트에 따른 월 소득분포에서 이마트 이용자는 200만 원 미만 44명(21.8%), 200만 원 이상 400만 원 미만 91명(45.0%), 400만 원 이상 600만 원 미만 41명(20.3%), 600만 원 이상은 26명(12.9%)으로 나왔다. 롯데마트 이용자는 200만 원 미만 37명(20.0%), 200만 원 이상 400만 원 미만 85명(45.9%), 400만 원 이상 600만 원 미만 42명(22.7%), 600만 원 이상은 21명(11.4%)으로 나왔다. 홈플러스 이용자는 200만 원 미만 45명(24.3%), 200만 원 이상 400만 원 미만 78명(42.2%), 400만 원 이상 600만 원 미만 42명(22.7%), 600만 원 이상은 20명(10.8%)으로 조사됐다.

최종학력은 이마트 이용자의 경우 고등학교 졸업 이하 32명(15.8%), 전문대학 재학 및 졸업 34명(16.8%), 대학교 재학 및 졸업 117명(57.9%), 석사학위 이상은 19명(9.4%)이다. 롯데마트 이용자는 고등학교 졸업 이하 30명(16.2%), 전문대학 재학 및 졸업 34명(9.7%), 대학교 재학 및 졸업 117명(67.0%), 석사학위 이상은 13명(7.0%)이다. 홈플러스 이용자는 고등학교 졸업 이하 28명(15.7%), 전문대학 재학 및 졸업 26명(14.1%), 대학교 재학 및 졸업 114명(61.6%), 석사학위 이상 17명(9.2%)으로 조사됐다. 대학교 재학 및 졸업 학력 이용자의 비율은 롯데마트가 가장 높고, 상대적으로 이마트가 가장 낮은 것으로 조사됐다.

대형마트 이용자의 직업은 이마트의 경우 학생 11명(5.4%), 주부 22명(10.9%), 회사원 99명(49.0%), 공무원 9명(4.5%), 자영업 19명(9.4%), 전문직 15명(7.4%), 기타는 27명(13.4%)이다. 롯데마트는 학생 16명(8.6%), 주부 25명(14.1%), 회사원 95명(51.4%), 공무원 9명(4.9%), 자영업 8명(4.3%), 전문직 16명(8.6%), 기타는 15명(8.1%)이다. 홈플러스는 학생 16명(8.6%), 주부 24명(13.0%), 회사원 70명(37.8%), 공무원 12명(6.5%), 자영업 19명(10.3%), 전문직 16명(8.6%), 기타는 28명(15.1%)으로 나타났다. 홈플러스가 상대적으로 회사원 이용률이 낮은 것으로 조사됐다.

대형마트 이용자에 따른 거주지역은 이마트의 경우 수도권(서울, 경기도, 인천) 142명(70.3%), 비수도권은 60명(29.7%)이고, 롯데마트는 수도권

(서울, 경기도, 인천) 112명(60.5%), 비수도권은 73명(39.5%)이었다. 홈플러스는 수도권(서울, 경기도, 인천) 104명(56.2%), 비수도권 81명(43.8%)으로 나와 상대적으로 수도권 거주 비율이 낮게 나타났다.

거주 형태의 차이에서 이마트는 아파트 144명(71.3%), 아파트 외(단독주택, 오피스텔, 원룸 등) 58명(28.7%)으로 나왔다. 롯데마트는 아파트 132명 (71.4%), 아파트 외(단독주택, 오피스텔, 원룸 등)는 53명(28.6%)으로, 홈플러스는 아파트 128명(69.2%), 아파트 외(단독주택, 오피스텔, 원룸 등)는 57명(29.4%)으로 나타났다. 대형마트 이용자의 성별, 연령대, 월 소득, 최종학력, 직업, 거주지역, 거주 형태와 주 이용 마트 간의 상관관계에서는 연령대가 소비자의 주 이용 마트와 유의미한 상관관계(p-value 0.004)가 있는 것으로 나타났다.

(2) 측정 변수의 타당성 및 신뢰성 분석

측정하고자 하는 문항을 적절하게 측정하고 있는지를 확인하기 위해서 각 요인의 문항에 대해서 탐색적 요인 분석(Exploratory Factor Analysis, EFA)과 신뢰성 분석(Cronbach′s alpha coefficient)을 수행하였다.

1) 인지된 ESG경영 활동에 대한 탐색적 요인 및 신뢰성 분석

인지된 ESG경영 활동의 각 문항이 소비자가 인지한 기업의 환경 활동, 사회 활동, 지배구조 활동을 적절하게 설명하고 있는지, 구성타당도를 검정하기 위해 탐색적 요인 분석과 신뢰성 분석을 실시하였다. 그 결과 19개 문항이 정확하게 3개의 요인으로 구분되었다. 전체 모델의 적합도를 의미하는, KMO 적합도는 0.930(0.5 이상 기준), Bartlett의 단위행렬 검정 결과는 0.001(0.05 이하 기준) 이하로 나왔고, 각 문항이 의도된 요인을 적절하게 설명하여 구성타당도가 적합한 것으로 확인되었다.

<표 3> 인지된 ESG경영 활동에 대한 타당성 및 신뢰성 분석

측정항목	구성 요소		
	인지된 환경 활동	인지된 지배구조 활동	인지된 사회 활동
이 회사는 환경 개선을 위한 노력을 하며, 환경보호 프로그램을 시행할 것 같다.	0.805	0.296	0.168
이 회사는 환경 활동에 대해 고객과 커뮤니케이션하고 있을 것 같다.	0.800	0.176	0.091
이 회사는 온실가스 배출량을 줄이는 환경경영정책을 실행할 것 같다.	0.781	0.290	0.157
이 회사는 환경경영에 대한 인식을 제고하고, 역량 강화를 위한 교육을 실행할 것 같다.	0.756	0.250	0.217
이 회사는 환경친화적 제품 및 서비스를 제공할 것 같다.	0.747	0.228	0.283
이 회사는 폐기물 재활용 등의 친환경 활동을 잘 실행하지 않을 것 같다.	0.625	0.178	0.365
이 회사는 비정상적인 경영 승계 수단을 방지하고 있을 것 같다.	0.226	0.787	0.017
이 회사는 기업 임원의 횡령 등 비도덕적인 행위를 방지하고자 할 것 같다.	0.184	0.773	0.176
이 회사는 지배구조의 건전성을 위해 노력할 것 같다. (지배구조:전문 경영인 참여 정도, 사외이사 비율 등)	0.243	0.720	0.314
이 회사는 자본조달의 건전성을 위해 노력할 것 같다. (자본조달의 건전성:신용등급관리, 위험 자산 비율 및 부채비율 관리 등)	0.266	0.635	0.386
이 회사는 뇌물, 부패 및 기타 불법 활동을 근절하기 위해 투명하고 포괄적이며 엄격한 행동 강령을 수립 적용하고 있을 것 같다.	0.382	0.597	0.264
이 회사는 근로자를 위한 인권 보호 활동을 시행하고 있지 않을 것 같다.	0.222	0.185	0.812
이 회사는 전체 고용인력 대비 여성채용 비율 및 장애인 고용 비율증가 등 정책을 펴고 있을 것 같다.	0.192	0.217	0.795
이 회사는 소비자 관련 법을 준수하고, 소비자의 안전을 위해 노력할 것 같다.	0.398	0.355	0.494
회전한 제곱합 로딩	4.996	3.604	3.22
전체 분산에서의 비율	28.721	21.791	15.755
'누적 분산	28.721	50.511	683622
Cronbach의 알파	0.901	0.847	0.745
KMO = .930 Bartlett χ^2=4346.285(p<0.001)			

2) 기업 신뢰도에 대한 탐색적 요인 및 신뢰성 분석

기업 신뢰도 문항에 대해서 탐색적 요인 분석(EFA)과 신뢰성 분석을 실시한 결과, 탐색적 요인 분석(EFA)에서 모든 문항이 하나의 요인으로 분류됨을 확인할 수 있었다. 전체 모델의 적합도를 의미하는 KMO 적합도는 0.729(0.5 이상 기준), Bartlett의 단위행렬 검정 결과는 0.000(0.05 이하 기준)으로 적합하게 나왔다. 문항의 신뢰성을 검정하는 Cronbach의 알파 값도 0.854(0.6 이상 기준)로 나왔다.

<표 4> 기업 신뢰도에 대한 타당성 및 신뢰성 분석

측정항목	기업 신뢰도
이 브랜드 (회사)는 약속을 지킨다.	0.862
이 브랜드 (회사)가 주장하는 바는 믿을 만하다.	0.894
이 브랜드 (회사)를 신뢰한다.	0.887
제곱합 로딩	2.328
전체 분산에서의 비율	77.859
누적 분산	77.859
Cronbach의 알파	0.854
KMO = .729 Bartlett χ^2=769.436(p<0.001)	

3) 기업 이미지에 대한 탐색적 요인 및 신뢰성 분석

기업 이미지 문항에 대한 탐색적 요인 분석과 신뢰성 분석을 실시한 결과, 탐색적 요인 분석에서 모든 문항이 하나의 요인으로 분류됨을 확인할 수 있었다. 전체 모델의 적합도를 의미하는 KMO 적합도는 0.688(0.5 이상 기준), Bartlett의 단위행렬 검정 결과는 0.000(0.05 이하 기준)으로 적합하게 나왔다. Cronbach의 알파 값도 0.766(0.6 이상 기준)으로 나왔다.

<표 5> 기업 이미지에 대한 타당성 및 신뢰성 분석

측정항목	기업 이미지
이 브랜드 (회사)는 업계에서 주도적인 역할을 한다.	0.862
이 브랜드 (회사)의 이미지는 다른 브랜드와 차별화되어있다.	0.894
나는 이 브랜드 (회사)의 제품을 신뢰한다.	0.887
제곱합 로딩	2.045
전체 분산에서의 비율	68.162
누적 분산	68.162
Cronbach의 알파	0.766
KMO = .688 Bartlett χ^2=444.192(p<0.001)	

4) 소비자 태도에 대한 탐색적 요인 및 신뢰성 분석

소비자 태도 문항에 대한 탐색적 요인 분석과 신뢰성 분석을 실시한 결과, 탐색적 요인 분석에서 모든 문항이 하나의 요인으로 분류됨을 확인할 수 있었다. KMO 적합도는 0.748(0.5 이상 기준), Bartlett의 단위행렬 검정 결과는 0.000(0.05 이하 기준)으로 적합하게 나왔다. Cronbach의 알파 값도 0.893(0.6 이상 기준)으로 나왔다.

<표 6> 소비자 태도에 대한 타당성 및 신뢰성 분석

측정항목	소비자 태도
나는 이 브랜드 (회사)에 대해 긍정적이다.	0.899
나는 이 브랜드 (회사)에 대해 매우 호감을 느낀다.	0.919
나는 이 브랜드 (회사)를 매우 좋아한다.	0.908
제곱합 로딩	2.475
전체 분산에서의 비율	82.512
누적 분산	82.512
Cronbach의 알파	0.893
KMO = .748 Bartlett χ^2=1014.222(p<0.001)	

5) 고객 충성도에 대한 탐색적 요인 및 신뢰성 분석

고객 충성도 문항에 대한 탐색적 요인 분석과 신뢰성 분석을 실시한 결과, 탐색적 요인 분석에서 모든 문항이 하나의 요인으로 분류됨을 확인할 수 있었다. KMO 적합도는 0.731(0.5 이상 기준), Bartlett의 단위행렬 검정 결과는 0.000(0.05 이하 기준)으로 적합하게 나왔다. Cronbach의 알파 값도 0.751(0.6 이상 기준)로 나왔다.

<표 7> 고객 충성도에 대한 타당성 및 신뢰성 분석

측정항목	고객 충성도
다른 브랜드 (회사)와 비교할 때 이 회사를 우선으로 선택한다.	0.835
이 브랜드 (회사)와의 관계를 끝내는 것은 금전, 시간, 노력적으로 나에게 부담이 될 것이다.	0.584
나는 앞으로 몇 년간은 해당 브랜드 (회사)를 주로 이용할 것 같다.	0.774
주변 사람들이 마트를 물어볼 때 해당 브랜드 (회사)를 추천할 것이다.	0.833
회전한 제곱합 로딩	2.331
전체 분산에서의 비율	58.28
누적 분산	58.28
Cronbach의 알파	0.751
KMO= .731 Bartlett χ^2=614.007(p<0.001)	

6) 재이용 의도에 대한 탐색적 요인 및 신뢰성 분석

재이용 의도 문항에 대한 탐색적 요인 분석과 신뢰성 분석을 실시한 결과, 탐색적 요인 분석에서 모든 문항이 하나의 요인으로 분류됨을 확인할 수 있었다. KMO 적합도는 0.612(0.5 이상 기준), Bartlett의 단위행렬 검정 결과는 0.000(0.05 이하 기준)으로 적합하게 나왔다. Cronbach의 알파 값도 0.771(0.6 이상 기준)로 나왔다.

<표 8> 재이용 의도에 대한 타당성 및 신뢰성 분석

측정항목	재이용 의도
나는 계속해서 해당 브랜드 (회사)의 점포를 이용할 의사가 있다.	0.902
나는 해당 브랜드 (회사)의 점포를 반복적으로 재이용할 의사가 있다.	0.912
나는 해당 브랜드 (회사)가 사회적 활동이나 자선행사를 할 때, 추가로 이용할 의사가 있다.	0.679
회전한 제곱합 로딩	2.107
전체 분산에서의 비율	70.245
누적 분산	70.245
Cronbach의 알파	0.771
KMO= .612 Bartlett χ^2=695.794(p<0.001)	

구성 개념 간의 상관관계

사용된 측정 변수 간의 상관관계를 확인한 결과, 모든 측정 변수 간의 양(+)의 상관관계가 통계적으로 유의한 것으로 나타났다.

<표 9> 구성 개념 간의 상관관계 분석 결과

요인	(1)	(2)	(3)	(4)	(5)	(6)	(7)	(8)
인지된 환경 활동(1)	1							
인지된 사회 활동(2)	0.608**	1						
인지된 지배구조 활동(3)	0.638**	0.623**	1					
기업 신뢰도(4)	0.624**	0.587**	0.650**	1				
기업 이미지(5)	0.574**	0.552**	0.576**	0.724**	1			
소비자 태도(6)	0.625**	0.569**	0.610**	0.782**	0.762**	1		
소비자 충성도(7)	0.558**	0.469**	0.513**	0.658**	0.719**	0.736**	1	
재이용 의도(8)	0.434**	0.439**	0.426**	0.636**	0.622**	0.612**	0.676**	1

†:p-value< 0.1, *: p-value<0.05, **: p-value<0.01

응답자별 인지된 ESG경영 활동 차이

각 가설을 검정하기에 앞서 대형마트 3사의 이용자별로 소비자들이 인지하는 환경 활동, 사회 활동, 지배구조 활동에 어떤 차이가 있는지를 검정하였다. 검정 방법으로는 ANOVA 분석을 하여 대형마트 3사별로 소비자들이 인지하는 ESG경영 활동에 차이가 있는지 검정하고, 구체적인 차이를 확인하기 위해 Bonferroni 검정을 하여 집단별로 차이가 있는지를 분석하였다.

<표 10> 대형마트 3사별 인지된 ESG경영 활동 차이 분석 결과

구분	평균 및 표준오차		
	인지된 환경 활동	인지된 사회 활동	인지된 지배구조 활동
이마트 (202)	0.156±0.059	0.131±0.061	0.1±0.056
롯데마트 (185)	-0.109±0.062	-0.045±0.059	-0.163±0.063
홈플러스 (185)	-0.062±0.054	-0.098±0.055	0.053±0.051
F(p-value)	5.954(0.003)**	4.297(0.014)*	6.112(0.002)**

†:p-value< 0.1, *: p-value<0.05, **: p-value<0.01

대형마트 3사별로 인지된 ESG경영 활동에 대한 차이 여부를 분석한 결과, 인지된 환경 활동, 사회 활동, 지배구조 활동에 있어서 마트별로 유의미한 차이가 있는 것으로 나타났다.

대형마트 3사별로 구체적인 차이를 확인하기 위해 사후검정을 실시한 결과는 〈표 11〉과 같다. 사후검정은 등분산과 표본 간 다른 샘플 수를 고려할 때 사용되는 Bonferroni 검정을 실시하였다.

검정 결과 인지된 환경 활동은 이마트가 평균 0.156으로 다른 두 마트(롯데마트 -0.109, 홈플러스 -0.062)보다 소비자로부터 더 긍정적인 평가를 받았다. 평가 차이에 대한 p-value는 이마트-롯데마트 0.004, 이마트-홈플러스 0.025로 0.05수준에서 유의미한 것으로 나타났다. 다만 롯데마트와 홈플러스 사이의 평균 차이 p-value는 1.0으로 소비자의 인식 차이가 유의미하지 않은 것으로 나타났다.

각 대형마트별 소비자의 인지된 사회 활동의 경우, 이마트 0.131, 롯데마트 -0.045, 홈플러스는 -0.098이었으며, 이마트와 홈플러스 차이에 대한 p-value는 0.017로 확실하게 이마트가 홈플러스보다 인지된 사회 활동이 더 높게 나타났다.

그러나 이마트와 롯데마트를 비교하였을 때는 p-value가 0.097로 유의수준 0.05를 넘었다. 다만, 유의수준 0.1에서는 이마트가 롯데마트보다 소비자가 인지된 사회 활동이 우수한 것으로 나타났다. 인지된 사회 활동에 있어서 롯데마트와 홈플러스 간의 차이는 p-value가 1.0으로 유의미한 차이가 없는 것으로 나타났다.

<표 11> 대형마트 3사별 인지된 ESG경영 활동 차이: Bonferroni 사후검정 결과

종속변수			평균 차이	표준 오차	유의 수준
인지된 환경 활동	Bonferroni	이마트	롯데마트	0.266	0.083	0.004**
			홈플러스	0.218	0.083	0.025*
		롯데마트	이마트	-0.266	0.083	0.004**
			홈플러스	-0.047	0.084	1.000
		홈플러스	이마트	-0.218	0.083	0.025*
			롯데마트	0.047	0.084	1.000
인지된 사회 활동	Bonferroni	이마트	롯데마트	0.177	0.082	0.097†
			홈플러스	0.230	0.082	0.017*
		롯데마트	이마트	-0.177	0.082	0.097
			홈플러스	0.052	0.084	1.000
		홈플러스	이마트	-0.229	0.082	0.017*
			롯데마트	-0.052	0.084	1.000
인지된 지배구조 활동	Bonferroni	이마트	롯데마트	0.262*	0.079	0.003
			홈플러스	0.047	0.079	1.000
		롯데마트	이마트	-0.262	0.079	0.003**
			홈플러스	-0.216	0.081	0.024*
		홈플러스	이마트	-0.047	0.079	1.000
			롯데마트	0.216	0.081	0.024*

†: p-value< 0.1, *: p-value<0.05, **: p-value<0.01

인지된 지배구조 활동에서 롯데마트의 표준화 점수는 -0.163으로 이마트 0.1, 홈플러스 0.053과 비교해 열등한 평가를 받았으며, 롯데마트-이마트와 롯데마트-홈플러스 차이의 p-value는 0.003, 0.024로 유의미한 것으로 나타났다. 반면, 홈플러스와 이마트 간의 인지된 지배구조 활동의 차이는 p-value는 1.0으로 유의미한 차이가 없는 것으로 나타났다.

이번 조사에서 본 연구의 대상인 응답자는 환경 활동에서는 이마트가 롯데마트와 홈플러스보다 확실히 잘하는 것으로 인지하고 있는 반면, 사회 활동에서 소비자들은 상대적으로 이마트가 홈플러스나 롯데마트(유의수준 0.1)보다 잘하는 것으로 인지하고 있으며, 지배구조 활동에서는 롯데마트가 이마트와 홈플러스보다 낮게 소비자들에게 인지되고 있는 것으로 나타났다. 결론적으로 이마트가 응답자로부터 ESG경영 활동을 전반적으로 잘하는 기업으로 인지되고 있음을 알 수 있다.

 # 가설검정 결과

국내 '대형마트의 ESG경영 활동이 소비자 재이용 의도에 미치는 영향'을 규명하기 위한 본 연구 가설 검정에 대한 결과는 〈표 12〉와 같다.

<표 12> 가설검정 결과 요약

가설번호	독립변수	매개변수	종속변수	채택 여부	비고
H1-1	인지된 환경 활동		재이용 의도	채택	
H1-2	인지된 사회 활동		재이용 의도	채택	
H1-3	인지된 지배구조 활동		재이용 의도	채택	
H2-1	인지된 환경 활동	(매개) 기업 이미지	고객 충성도	채택	부분 매개
H2-2	인지된 사회 활동	(매개) 기업 이미지	고객 충성도	채택	완전 매개
H2-3	인지된 지배구조 활동	(매개) 기업 이미지	고객 충성도	채택	완전 매개
H3-1	인지된 환경 활동	(매개) 기업 신뢰도	고객 충성도	채택	부분 매개
H3-2	인지된 사회 활동	(매개) 기업 신뢰도	고객 충성도	채택	완전 매개
H3-3	인지된 지배구조 활동	(매개) 기업 신뢰도	고객 충성도	채택	완전 매개
H4-1	인지된 환경 활동	(매개) 소비자 태도	고객 충성도	채택	완전 매개
H4-2	인지된 사회 활동	(매개) 소비자 태도	고객 충성도	채택	완전 매개
H4-3	인지된 지배구조 활동	(매개) 소비자 태도	고객 충성도	채택	완전 매개
H5	기업 신뢰도		재이용 의도	채택	
H6	기업 이미지		재이용 의도	채택	
H7	소비자 태도		재이용 의도	채택	
H8-1	기업 신뢰도	(매개) 고객 충성도	재이용 의도	채택	부분 매개
H8-2	기업 이미지	(매개) 고객 충성도	재이용 의도	채택	부분 매개
H8-3	소비자 태도	(매개) 고객 충성도	재이용 의도	채택	완전 매개

소비자에게 인지된 대형마트 각각의 ESG경영 활동(환경·사회·지배구조)이 소비자 재이용 의도에 통계적으로 유의미한 정(+)의 결과로 나타났다. 이는 코로나19 팬데믹 이후 소비자의 온라인 구매 활동이 증가하고 있는 환경에서 중·장기적으로 대형마트의 ESG경영 활동에 관한 소비자와의 소통 방법과 경영·마케팅 전략에 새로운 변화를 모색할 수 있다는 측면에서 시사하는 바가 크다고 할 수 있다.

　또한, 국내 대형마트의 ESG경영 활동(환경·사회·지배구조)은 소비자의 인지가 증가할수록 기업 신뢰도, 기업 이미지, 소비자 태도 그리고 고객 충성도를 매개하여 소비자 재이용 의도에 유의미한 정(+)의 영향을 미치는 것으로 입증되었다.

마무리하면서

(1) 핵심 내용 요약

'국내 대형마트의 인지된 ESG경영 활동이 소비자 재이용 의도에 미치는 영향'에 대한 실증 분석 결과, 대형마트의 ESG경영 활동이 소비자 재이용 의도에 유의미한 정(+)의 효과를 미치는 것으로 나타났다. 이는 황용식·이용기(2022)의 〈국내 저비용 항공사의 ESG경영 연구〉에서 ESG경영 활동이 소비자 재이용 의도에 유의미한 결과를 도출한 것과 맥을 같이한다. 즉, ESG경영 활동의 핵심 요인인 환경 활동, 사회 활동, 지배구조 활동 모두가 소비자의 인지가 증가할수록 소비자 재이용 의도에 긍정적인 영향을 미치는 것으로 입증되었다.

이는 전 세계적으로 기업의 ESG 관련 내용이 법제화, 규제화되고 있는 가운데 ESG경영이 선택이 아닌 필수로 인식하는 대내·외 경영 환경을 고려할 때 매우 의미 있는 결과라 할 수 있다. 다수의 ESG 연구가 소비자보다는 정책입안자나 투자자의 관점에서 이루어지고 있는 상황에서 소비자 관점에서의 본 연구가 ESG 연구에 또 다른 디딤돌이 될 수 있기 때문이다. 더군다나 대형마트의 업종이 수출이 아닌 내수 중심의 기업이기에 그 의미는 더 크다고 할 수 있다.

향후 국내 기업이 유럽연합이나 미국을 대상으로 수출을 확대하려면 ESG 관련 각종 규제를 통과해야 한다. 마찬가지로 국내 소비자를 주 대상으로 제조와 유통, 판매 활동을 하려면 본 연구 결과가 기업이 ESG경영 활동을 어떻게 해야 하는지에 대한 통찰력(Insight)을 주는 유의미한 결과라 할 수 있다.

구체적으로 살펴보면 먼저, 우리나라의 대형마트 ESG경영 활동 중 인지된 환경 활동(Environmental)이 소비자 재이용 의도에 정(+)의 효과를 미치는 것으로 나타났다. 이는 서정태 외(2022)의 환경 활동이 기업 이미지를 매개로 하여 구매 의도에 영향을 미친다는 것과 맥을 같이한다. 산업혁명 이후 환경오염의 주범인 오랜 기간의 화석연료 사용이 온실가스를 배출하여 지구온난화의 주범이 되고, 이것이 지구 가족 모두에게 다양하고도 고통스러운 기후재앙을 경험하게 하고 있다.

또한, 각종 플라스틱, 오·폐수 등과 같은 산업 및 생활 폐기물질들이 지구 가족의 자연 생태계를 교란하여 삶의 질을 저하시키고 있기 때문에 소비자들도 지대한 관심을 두는 영역이라 분석된다. 한국경제인협회에서 매출 500대 기업 ESG 실무자를 대상으로 한 〈2023 ESG 트렌드〉 조사 결과에서 가장 중요한 이슈로 '환경 요인'이 전체 82.0%를 차지한 것과도 맥을 같이 하고 있다.

둘째, 대형마트에서의 인지된 사회 활동(Social) 역시 소비자 재이용 의도에 정(+)의 영향을 미치는 것으로 나타났다. Ramesh et al.(2019)는 기업의 사회적 활동이 브랜드 이미지를 매개로 하여 소비자 구매 의도에 영향을 미친다고 하였다.

대표적인 사회 활동으로는 노동, 인권, 안전이다. 1996년, 미국의 〈라이프〉지가 파키스탄의 12세 소년이 나이키 축구공을 바느질하여 생산된 운동화가 아동노동 착취로 논쟁거리가 된 사건이 잘 알려진 사례라 할 수 있다. 국제노동기구(International Labour Organization, ILO)에 따르면 2020 현재, 전 세계 아동 노동의 수는 1.6억여 명에 달한다고 한다. 또한, 국내에서도 『중대재해처벌법』 관련한 노동자들의 안전사고가 빈번하게 발생하고 있다.

12세 파키스탄 소년의 축구공 바느질, 출처: 미국 〈라이프〉지

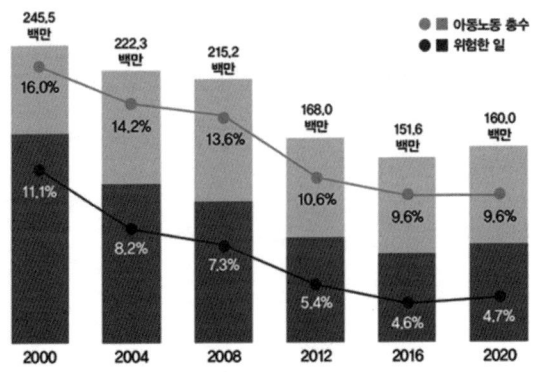

전 세계 아동노동 추이(ILO), 출처: 매일노동뉴스(2021.6.17.)

예컨대, 국내에서는 2022년, S○○그룹 계열사 S○○ 평택공장에서 20대 여성 근로자 사망사고가 소비자의 불매운동으로 이어져 잘나가던 포켓몬스터 빵 판매가 급감한 것에 주목할 필요가 있다. 이외에도 산업현장에서는 다양한 사건·사고들이 발생하고 있다. 아직도 일부 기업은 사람보단 이익 중심의 경영 활동을 하고 있다. 하지만 소비자들이 해당 기업을 바라보는 시각은 '혼쭐'과 같은 불매운동으로 이어질 수 있다. 소비자들이 해당 기업을 바라보는 사회 활동 역시 기업평가의 중요한 항목 중의 하나이기 때문이다.

셋째, 대형마트에서의 인지된 지배구조 활동(Governance) 또한 소비자 재이용 의도에 정(+)의 영향을 미치는 것으로 나타났다. 강준모·박철(2022)는 지배구조가 기업 신뢰도에 정(+)의 영향을 미치고, 황용식·이용기(2022)는 지배구조가 기업 이미지에 정(+)의 영향을 미치며, Hwang & Lee(2022)는 ESG경영은 기업의 이미지와 기업 신뢰도를 높여 재이용 의도에 정(+)의 영향을 미친다고 하였다.

　기업의 지배구조 활동(Governance)은 한마디로 '전사적 의사결정 시스템'을 말한다. 이사회, 감사, 반부패 활동 등이 대표적이다. 아직은 일반 소비자들에게는 낯선 영역이다. 특히, 이사회는 전문성, 독립성, 다양성 추구가 핵심이다. 기업 활동이 투명하게 공개되고, 경영 활동에 대한 이사회의 견제기능이 활발하게, 합리적으로 운영될수록 소비자는 제품 구매로 해당 기업에 대한 신뢰를 표시한다. 그밖에, 경영층의 갑질, 도덕적, 윤리적 행동 역시 소비자의 지대한 관심 대상이다.

　넷째, 다음으로 소비자에게 인지된 대형마트의 ESG경영 활동이 고객 충성도 간의 관계에서 기업 이미지, 기업 신뢰도, 소비자 태도의 매개 효과 여부다. 본 연구에서는 국내 3대 대형마트의 ESG경영 활동이 기업 이미지, 기업 신뢰도, 소비자 태도에 정(+)의 영향을 미치는 것으로 나타났다. 이는 강준모·박철(2022)의 기업의 ESG 활동이 기업 신뢰도를 매개하여 고객 충성도에 영향을 미친다는 연구 결과와 동일한 맥락이다.

　특히, 인지된 환경 활동과 고객 충성도 간의 관계에서 기업 이미지와 기업 신뢰도는 매개 변수로서 간접적으로 영향을 미치기 때문에 추가적으로 영향을 미치는 요인을 탐색할 필요가 있다. 반면, 인지된 ESG경영 활동과 고객 충성도 간의 관계에서 소비자 태도는 절대적 영향을 미치는 것으로 나타났다.

다섯째, 본 연구에서 소비자 재이용 의도를 높이기 위해서는 기업 신뢰도, 기업 이미지, 기업을 바라보는 소비자의 태도가 중요함을 확인하였다. 기업 신뢰도와 기업 이미지, 소비자 태도 모두 재이용 의도에 정(+)의 영향을 미치는 것으로 증명되었다. 이는 황용식·이용기(2022)의 기업 신뢰와 이미지가 재이용 의도에 영향을 준다는 연구 결과와 백내용·김호석(2023)의 〈외식기업의 ESG경영 활동 연구〉에서 기업 이미지가 재구매 의도에 영향을 준다는 결과와 동일한 맥락이다. 김선정·이걸재(2017)의 〈브랜드 이미지가 소비자 태도, 재구매 의도 및 추천 의도에 미치는 영향 연구〉에서도 소비자 태도가 재구매 의도에 유의한 영향을 주는 것으로 나타나 본 연구와 맥을 같이 한다.

기업 신뢰도, 기업 이미지 그리고 기업에 대한 소비자 태도는 대형마트의 ESG경영 활동에 의해서도 영향을 받는 것으로 입증되었다. KPMG가 글로벌 CEO 1,300여 명을 대상으로 실시한 설문 조사(KPMG 2023 CEO Outlook)에서 CEO의 16%는 향후 3년간 ESG(환경·사회·지배구조) 안건이 고객 관계에 가장 큰 영향을 미칠 것으로 응답했다. 16%는 ESG가 자사의 브랜드 평판을 긍정적으로 구축하는 데 도움이 될 것이라고 믿었다. 대형마트도 다른 산업과 마찬가지로 기업 신뢰도, 기업 이미지, 소비자 태도가 재이용 의도와 밀접한 관련성이 있기 때문에 대형마트 경영자는 위 3가지 요인을 주목할 필요가 있다.

Lee & Rhee(2023)는 〈기업의 ESG경영과 소비자의 브랜드 선택 연구〉에서 브랜드 이미지는 소비자의 구매 행동 시 소비자의 의사결정 과정에 영향을 주고, 브랜드에 대한 소비자 태도를 결정하는 것에도 긍정적 또는 부정적인 영향을 미친다고 했다. Low & Lamb(2000)는 고객이 특정 브랜드에 만족할 경우 해당 브랜드의 선호도가 올라가고 결국 구매 결정에도 영향을 주기 때문에 고객의 브랜드에 대한 태도는 무엇보다 중요하다고 주장 하였다.

마지막으로, 기업 신뢰도, 기업 이미지, 소비자 태도와 소비자 재이용 의도 간의 관계에서 고객 충성도의 매개 역할을 증명했는데, 소비자 태도와 재이용 의도 간의 관계에서는 고객 충성도가 절대적으로 영향을 미치고, 기업 신뢰도와 기업 이미지는 부분매개 역할을 하는 것으로 나타났다. 즉, 소비자 태도에 따른 재이용 의도는 고객 충성도가 큰 작용을 하고 있음을 보여주었다. 이는 기업에 대한 소비자 태도는 고객 충성도에 절대적인 영향을 미치고, 높은 고객 충성도는 소비자 재이용 의도에 긍정적인 영향을 미친다는 의미로 분석된다.

(2) 대형마트별 차이

대형마트별 차이 분석에서는 대형마트 이용자별로 소비자들이 인지하는 환경 활동(Environmental), 사회 활동(Social), 지배구조 활동(Governance)이 어떻게 다른지 ANOVA를 사용하여 검정하였다. 인지된 환경 활동은 이마트가 다른 두 마트보다 응답자로부터 더 긍정적인 평가를 받았으나 롯데마트와 홈플러스 간에는 응답자의 인식 차이가 유의미하지 않았다(유의수준 0.05). 또한, 인지된 사회 활동에서도 유의수준 0.05에서 이마트가 홈플러스보다는 확실하게, 롯데마트보다는 유의수준 0.1에서 우수한 것으로 응답자는 평가했다.

이는 이마트가 응답자로부터 환경 활동과 사회 활동을 롯데마트와 홈플러스보다 상대적으로 잘하고 있는 것으로 인식할 수 있는 대목이다. 인지된 지배구조 활동에서는 유의수준 0.05에서 롯데마트가 다른 두 마트보다 응답자로부터 낮게 평가를 받았으며 유의수준 0.1에서 이마트와 홈플러스 간에는 큰 차이를 못 느끼는 것으로 나타났다.

인구통계학적 측면에서 소비자의 성별, 연령대, 월 소득, 최종학력, 직업, 거주지역, 거주 형태별 주 이용 마트 간의 상관관계를 확인한 결과, 본 조사에서는 '연령대와 거주지역'이 영향을 미치는 것으로 나타났다. 특히, 이마트는 MZ세대들이라 할 수 있는 20~39세 사이의 연령대의 응답자(43.1%)가 롯데마트(60%)와 홈플러스(53%)보다 상대적으로 낮은 것으로 나타났다. 이용자별 거주지역은 이마트가 수도권(서울, 경기, 인천)에서는 제일 높고, 비수도권이 제일 작지만, 상대적으로 홈플러스는 대형마트 3사 중 수도권이 제일 작고, 비수도권이 제일 많은 것으로 나타났다.

연구의 의의와 시사점

(1) 연구의 의의

전 세계적으로 유럽연합(EU)과 미국을 중심으로 ESG 관련 제도가 법제화, 규제화로 한층 강화되고 있는 모양새다. 따라서 본 연구는 ICT 기술 발달로 e커머스를 기반으로 소비자의 구매 성향이 오프라인에서 온라인으로 전환하고 있는 환경에서 성숙기 단계에 진입한 내수 중심의 국내 대형마트의 ESG경영 활동이 소비자 재이용 의도에 미치는 영향에 대해 고찰하였다.

소위 '쿠팡 효과'라는 오프라인과 온라인 간 치열한 가격 경쟁이 심화하고 있는 국내 유통업계 현실에서 오프라인 중심의 대형마트 경영 실적이 중·장기적인 관점에서 낙관적이지 않다는 것이 대세적 분석이다.

이런 분위기를 반영하듯, 쿠팡 등 e커머스 업체와 편의점 업계의 급성장, 고물가에 따른 소비 심리 위축 등으로 이마트는 고전을 면치 못해왔다. 2023년 9월, 이마트의 새로운 수장으로 지휘봉을 잡은 한채양 대표는 이전의 온라인 중심에서 이마트의 본업인 "오프라인 경쟁력 강화에 모든 역량을 쏟을 것"이라는 전략의 방향성을 이마트 30주년에 즈음하여 발표한 바 있다.

출처: 아시아투데이(2024.1.15.)

따라서 2024년에 대형마트는 규모경제(바잉파워) 기반의 신규 출점 확대, 신개념 매장 리뉴얼, 부진 점포에 대한 폐업이나 매각(Sale & Lease) 및 업태 전환, 그리고 조직 재설계, 전략 수정 등 경영 환경을 개선하기 위한 대형마트별 전략적 행보가 다각적으로 이루어질 것으로 전망되고 있다. 이런 가운데 작금의 국내 대형마트 3사의 지속가능성장 여부가 다양한 이해관계자로부터 시험대에 올랐다고 해도 과언이 아니다.

따라서 이번 연구에서 "국내 대형마트 3사의 ESG경영 활동이 소비자 재이용 의도에 유의미한 정(+)의 영향을 미친다는 것"을 실증적으로 입증하였다는 것은 시사하는 바가 크다고 할 수 있다. 또한, 대형마트별로 인지된 ESG경영 활동에 관한 소비자의 인식 차이 분석을 통해 각 마트별로 실질적으로 강화하고, 보완해야 할 효과적인 ESG 경영 활동 방향성 모색에 인사이트를 제공했다는 점에서도 의미를 찾을 수 있을 것 같다. 이러한 분석 결과를 토대로 다음과 같은 시사점을 제안하고자 한다.

(2) 시사점

1) 마케팅적 관점

첫째, ESG가 투자자 관점에서 태동된 것인 만큼 기업의 ESG경영 활동이 재무적 성과에 미치는 영향에 관한 연구가 많은 것에 비해 소비자 관점에서 ESG를 바라보는 연구는 상대적으로 적은 것이 사실이다. 특히, 국내 유통기업 중 대형마트 관점에서의 ESG 연구는 아직 초기 단계라 관련 연구도 제한적이다. 따라서 1990년대 초반부터 지금까지 오랜 기간 국내 유통시장을 주도하고 있는 대형마트 3사를 대상으로 한 실증적 연구 자체에 의미가 있다 하겠다.

앞서 언급한 바와 같이 대형마트 3사의 ESG경영 활동이 기업 신뢰도, 기업 이미지, 소비자 태도를 매개하여 고객 충성도에 유의미한 정(+)의 영향을 미친다는 것을 입증하였다. 이는 ESG경영 활동이 신뢰를 매개로 하여 고객 충성도에 유의한 영향을 미친 연구 결과와도 맥을 같이 한다(허종호·홍재원, 2023). 또한, 고객 충성도가 재이용 의도에 유의한 영향을 미친다는 결과를 창출한 실증적 연구로써 경영·마케팅 분야에서 국내 대형마트의 ESG경영 활동의 연구 영역을 확장했다는 점이다.

둘째, ESG경영 활동은 수출 의존도가 높은 국내에서는 내수 중심의 업종보다는 수출 중심의 제조업종이 더 중요할 수 있다. 특히, ESG에서의 소매업종은 상대적으로 타 업종 대비 그 관여도가 약한 게 사실이다. 하지만 소비자 행동론 측면에서 소비자가 문제를 인식하고 제품을 탐색, 선택 그리고 처분하는 일련의 구매 의사결정 과정에서 소비자가 인지하는 대형마트의 ESG경영 활동이 소비자가 점포를 선택할 때 추가적으로 고려해야 할 핵심적 요인이 될 수 있음을 제시하였다.

2) 실무적 관점

첫째, 대형마트의 핵심전략 중의 하나가 상시 저가 정책인 EDLP(Every Day Low Price)이다. 즉, 다점포 체제하에서 '바잉파워'를 기반으로 규모의 경제를 실현해왔다. 하지만 온라인 유통(e커머스)과의 소모적인 가격경쟁이 불가피하고, 이익 창출도 제한적인 추세임 것만큼은 분명해 보인다. 그런 측면에서 본 연구는 소비자가 인지한 대형마트의 ESG경영 활동이 소비자 재이용 의도에 정(+)의 영향을 미친다는 것을 규명했다는 데 의의가 있다. 소비자의 반복구매는 기업의 지속가능한 성장에 중요한 요소임을 오랜 기간 학습된 마케팅 활동의 핵심이다.

소비자 재이용 의도가 높다는 것은 고정고객으로 연결될 가능성이 크다는 의미다. 따라서 본 연구를 기반으로 경영·마케팅 책임자들은 향후 전략을 수립할 때 대형마트의 ESG경영 활동에 관한 소비자와의 소통을 종전과는 다른 방법으로, 즉 'ESG경영 활동을 소비자에게 지금보다 어떻게 차별적으로 인지시킬 것이냐'의 관점에서 좀 더 현실적인 고민과 전략적 대안이 필요할 수 있다.

둘째, 인구통계학적 측면에서 소비자의 성별, 연령대, 월 소득, 최종학력, 직업, 거주지역, 거주 형태별 주 이용 마트 간 상관관계를 확인한 결과, 연령대와 거주지역이 영향을 미치는 것으로 나타났다. 따라서 마케팅 책임자에게는 이러한 요인을 고려해서 대형마트별로 소비자들의 반복적인 구매 활동을 어떻게 만들지에 대한 유의한 시사점을 제시하였다.

셋째, ESG경영은 '얼마나 돈을 벌었느냐'의 재무적 관점이 아닌 '어떻게 돈을 벌었느냐'의 비재무적 관점에서의 성장전략이라 할 수 있다. 따라서 많은 기업이 아직은 ESG를 비용 관점에서 바라보고 있는 것이 현실이다. 또한, 단기적인 재무성과보다는 중·장기 차원에서의 성장전략이다 보니 기업의 이윤 추구 전략에 부합하지 않는다고 판단하고 있다. 하지만 ESG경영은 전 세계 기업의 지속가능한 성장을 위한 필수 생존 전략으로 패러다임 전환 중이다. 따라서 본 연구 결과가 중·장기 차원에서의 기업의 ESG경영 역량 강화와 조직 내 내재화를 위한 새로운 동기부여가 될 것으로 판단된다.

마지막으로 대형마트별로 시행하고 있는 ESG경영 활동에 대한 소비자의 인식 차이를 분석한 결과, 물론 조사 방법과 대상, 시점에 따라 다를 수는 있지만, 대형마트별 경영·마케팅 책임자들에게는 소비자의 인식 차이가 향후 ESG경영 활동에 각 사의 강점과 보완점을 고려한 정책 방향 재설정에 유의미한 시사점을 줄 수 있을 것으로 본다.

대형마트는 다양한 공급업체로부터 제품을 인수하여 고객에게 판매하거나 서비스를 제공하고 있다. 그러므로 대형마트의 ESG경영 활동이 모든 이해관계자에게 제대로 인지되고, 성과를 창출하기 위해서는 공급망(Value Chain) 전반에 걸쳐 ESG를 적용하고, 관리역량을 강화해야 한다.

아울러 대형마트의 전 직원들에게 ESG경영 활동이 지속가능한 성장을 위한 전략적 핵심 요소라는 인식을 실질적으로 공유해야 한다. 동시에 ESG가 단순히 기업의 사회공헌 활동이나 홍보성 차원의 활동이 아닌 대형마트의 실질적인 ESG경영 관리 상태 전반을 다시 한번 점검할 계기가 되길 기대한다. 기업의 재무적 성과만을 판단하던 과거와 달리 지금은 장기적 관점에서 기업 가치와 지속가능성에 영향을 주는 비재무적 요소의 평가 가치가 점점 더 높아지고 있기 때문이다.

끝으로 본 연구 결과, 소비자는 환경 활동, 사회 활동, 지배구조 활동에 있어서 대형마트별로 유의한 차이를 인식하는 것으로 나타났다. 각 마트별로 시사점을 정리하였다.

(3) 대형마트별 시사점

1) 이마트

이마트는 자타가 인정하는 '대한민국 1등 할인점'이다. 하지만 e커머스와의 가격경쟁과 소비심리 위축으로 유발된 실적 감소가 새로운 대표 취임 후 오프라인 본업의 강화전략이 지속가능한 성장에 지렛대가 될지 시장의 분위기는 신중하다. 이마트는 ESG경영 활동 중 유의수준 0.05에서 인지된 환경 활동은 롯데마트와 홈플러스보다 소비자로부터 긍정적인 평가를 받았다. 또한, 사회 활동은 유의수준 0.05에서 홈플러스보다는 높게, 유의수준 0.1에서는 롯데마트보다 긍정적인 것으로 나타났다. 지배구조 활동은 유의수준 0.05에서 롯데마트보다는 높게, 홈플러스와는 유의미한 차이가 없는 것으로 나타났다. 결국, 대형마트의 선두주자 격인 이마트가 본 조사에서는 소비자들로부터 ESG 경영 활동을 상대적으로 잘하는 기업으로 인지되고 있는 것으로 분석된다.

이마트 매장

이러한 결과는 이마트가 효과적인 지속가능경영 추진을 위해 2022년 삼정 KPMG와 함께 이마트를 둘러싼 변화와 요구사항을 분석하고, 이마트의 지속가능경영 역량을 파악하여, 향후 추진 방향성과 주요 과제를 도출하는 지속가능경영 컨설팅을 수행한 것과 무관치 않아 보인다(이마트 지속가능경영보고서).

또한, 이마트는 홈페이지에 지속가능경영보고서를 공시하고 2023년에 〈이마트 넷 제로 보고서〉를 발표하는 등 ESG경영 활동에 관해 소비자와 적극적으로 소통하고 있다. 한경 ESG가 2022년 소비자 4,000명을 대상으로 기업 'ESG 브랜드 조사'를 실시한 결과, 이마트가 'ESG 브랜드 TOP 20' 중 19위를 차지한 것은 시사하는 바가 크다.

따라서 본 연구의 실증 분석 결과에 나타난 것처럼 이마트의 전사적 ESG경영 역량을 좀 더 강화하고, 내재화를 기반으로 보다 더 효율적이고 효과적인 소통 방법으로 이마트의 ESG경영 활동에 관한 소비자의 인지율을 향상시킨다면 중·장기 관점에서 오프라인 매장의 한계를 극복하는 데 유의한 시사점을 줄 것으로 생각한다.

2) 롯데마트

롯데마트는 ESG경영 활동 중 인지된 환경 활동은 유의수준 0.05에서 소비자의 인식 차이가 이마트보다는 낮게, 홈플러스와는 유의미하지 않았다. 사회 활동의 경우, 유의수준 0.05에서는 별 차이가 없었으나 유의수준 0.1에서 롯데마트가 이마트보다는 소비자로부터 낮게 평가받은 것으로 나타났으나 홈플러스와는 유의미한 차이가 없는 것으로 나타났다. 지배구조 활동에서는 유의수준 0.05에서 이마트와 홈플러스보다는 소비자로부터 낮게 인식되었다.

롯데마트 매장

이러한 결과는 롯데쇼핑 차원에서 활발하게 ESG경영 활동을 시행하고 있음에도 불구하고, 롯데마트의 ESG경영 활동 공시가 이마트처럼 독립적으로 소비자와 소통하기보다는 그룹 차원에서 통합적으로 운영되고 있어서 롯데마트의 ESG 활동 관련 정보가 그 의도와는 달리 '소비자와의 정보 공유가 다소 제한적인 것'에서 그 원인을 추정해 볼 수 있을 듯하다.

롯데쇼핑은 2021년 11월에 ESG경영 원년으로 선포하고 '다시 지구를 새롭게, 함께 더 나은 지구를 위해'라는 슬로건을 발표하며, ESG경영 활동을 활발하게 추진하고 있다. 본 연구 결과를 토대로 관련 책임자들은 롯데마트의 상대적 시장 점유율 확대와 e커머스와의 소모전을 최소화하기 위한 전략적 대안이 필요한 시점이다. 따라서 국내 대형마트 시장에서의 롯데마트가 차지하는 역할을 고려할 때 롯데마트의 ESG경영 활동 공시를 이마트처럼 소비자와 직접, 독립적으로 소통하는 방법에 대해 고민할 기회가 됐으면 하는 바람이다.

3) 홈플러스

홈플러스는 ESG경영 활동 중 인지된 환경 활동은 유의수준 0.05에서 이마트보다는 낮게, 롯데마트와는 소비자의 인식 차이가 유의미하지 않았다. 사회 활동은 이마트보다는 낮게, 유의수준 0.1에서 롯데마트와는 유의미한 차이가 없었다. 지배구조 활동은 유의수준 0.05에서 롯데마트보다는 높게, 이마트와는 유의미한 차이가 없는 것으로 나타났다. 결국, 홈플러스의 ESG경영 활동이 전반적으로 이마트보다는 소비자로부터의 인식이 차별적이지 않은 것으로 판단된다.

홈플러스 매장

이러한 결과는 홈플러스가 CSR 차원에서 핵심역량을 최대한 발휘할 수 있는 사회공헌 분야(상생, 나눔, 환경)를 선정하여 기업의 사회적 가치를 지속적으로 실천하고는 있지만, ESG경영 활동을 홈플러스 'e파란재단' 홈페이지에서 관련 내용을 확인할 수 있다. 또한, 이마트나 롯데쇼핑처럼 지속가능경영보고서를 게시하는 등의 활동을 통해 소비자와의 적극적인 소통을 하지 않고 있는 것도 한 원인이 될 수 있을 것으로 추정한다. 따라서 본 연구의 결과가 관련 경영진들에게는 홈플러스의 ESG경영 활동 정보에 관한 소비자의 실질적인 접근성을 향상시키고, 중·장기적 경쟁우위 확보전략 차원에서 ESG경영 활동 방향과 우선순위에 유의한 단서를 제공할 수 있을 것으로 본다.

ESG경영은 기존의 공급망을 ESG 현미경으로 들여다보고 경영 전반의 시스템을 혁신하는 것이라 할 수 있다. 따라서 대형마트의 ESG경영 활동을 확산하기 위해서는 ESG 관련 추진 부서만이 아니라 임직원이 함께하는 전사적 차원의 ESG 조직 문화를 구축하여 조직 내부의 ESG 역량 강화와 내재화가 필요한 것은 당연하다. 그러기 위해서는 사업 부문별로 ESG 활동 성과를 계량화하고, 경영진의 보상과 ESG 성과 지표와 연동하는 제도를 적극적으로 도입 및 강화할 필요가 있다.

또한, 다양한 이해관계자와의 지속적인 소통을 통해서 대형마트별 ESG경영 활동에 대한 소비자의 실질적인 인지를 더욱 확대시킬 필요가 있어 보인다. 이는 종국에 가서는 대형마트를 바라보는 소비자의 태도를 변화시켜 매장을 다시 방문하게 하는 대형마트만의 전략적 수단으로 활용될 수 있을 것으로 기대하기 때문이다.

참 고 문 헌

<국내문헌>

- 김영길(2023). ESG가 경영성과에 미치는 영향. 경영컨설팅연구, 23(2), 201-210.
- 강준모, 박철(2022). 기업의 ESG 활동이 기업 신뢰도를 매개하여 고객충성도에 미치는 영향: 베이커리 업종을 중심으로. 한국유통학회 학술대회 발표논문집, 240-242.
- 김기탁(2022). 스포츠 소비자의 ESG 경영에 대한 인식이 기업 이미지, 태도, 로열티에 미치는 영향. 한국융합과학회지, 11(11), 1-13.
- 김세규(2021). ESG 경영을 위한 블록체인 기술 도입 사례 연구: 스타벅스 '빈투컵(bean to cup)' 프로젝트. 산업혁신연구, 37(4), 1-24.
- 김수연, 백지연, 구혜경, 문주옥, 오우ís, 이설(2021). 한·중 유통기업의 ESG 경영에 대한 2030 소비자 인식 연구: 쿠팡과 타오바오에 대한 IPA를 중심으로. 생활과학연구논총, 25(2), 55-75.
- 김효정, 이준석(2021). 기업의 ESG 실행과 평가의 괴리 가능성 연구: ESG 평가지표 분석을 중심으로. 국가정책연구, 35(4), 199-225.
- 박연정, 원용춘, 김성주(2022). 기업의 지속가능경영이 기업신뢰에 미치는 요인에 관한 실증연구: ESG를 중심으로. 한국 IT 정책경영학회 논문지, 14(3), 2971-2977.
- 박윤나, 한상린(2021). 기업의 ESG 활동이 기업 이미지, 지각된 가격 공정성 및 소비자 반응에 미치는 영향. 경영학연구, 50(3), 643-664.
- 백내용, 김호석(2023). 외식기업의 ESG 경영 활동이 기업평판, 기업 이미지 및 재구매 의도에 미치는 영향. 한국외식산업학회지, 19(2), 85-98.
- 백채환, 강준모(2023). 커피전문점의 ESG 경영에 대한 소비자의 평가가 장기 지향성과 고객 충성도에 미치는 영향. 상품학연구, 41(2), 31-41.
- 서용구, 이현이, 정연승(2022). 유통산업의 ESG 전략과 사례: 월마트, 아마존, 이마트, 쿠팡을 중심으로. 유통연구, 27(2), 77-99.
- 서정태, 이승용, 김현홍, 배정호, 공혜정(2022). 중소기업의 ESG 경영이 소비자의 구매 의도에 미치는 영향. 문화산업연구. 22(1), 141-149.
- 손광표, 황원경(2021). 소비자가 본 ESG와 친환경 소비 행동. KB 트렌드 보고서(1), 6-21.
- 쉬차오, 김재현, 조성의(2023). 핀테크 기업의 ESG 경영, 기업 이미지, 고객 충성도 간 관계 연구: 중국시장에 초점. 인터넷전자상거래연구, 23(3), 165-189.
- 안종선, 정석훈, 이상령, 박진우(2022). ESG 경영이 기업의 경영성과에 미치는 영향. Journal of the Korean Society for Aviation and Aeronautics, 30(3), 92-108.
- 유재웅, 진용주, 이현선(2021). ESG 경영을 주제로 활용한 기업이미지 광고가 브랜드 태도에 미치는 효과-KT&G 의 기업 이미지 광고를 중심으로. 브랜드디자인학연구, 19(2), 49-62.
- 이마트, 홈플러스, 롯데마트 홈페이지, 지속가능보고서(2022)

- 이문규, 이인구, 김종배(2000). 지각된 서비스 품질, 소비자 태도, 재이용 의도 사이의 인과관계 모형. ASIA MARKETING JOURNAL, 2(3), 44-63.
- 이선미, 박종철(2022). 기업의 ESG 활동이 기업평판에 미치는 영향: 신뢰의 매개 효과를 중심으로. 경영컨설팅연구, 22(1), 257-267.
- 이정기, 이재혁(2020). 지속가능경영 연구의 현황 및 발전방향: ESG 평가지표를 중심으로. 전략경영연구, 23(2), 65-92.
- 이종우(2022). 온라인 쇼핑몰 품질요인이 구전에 미치는 영향: 코로나19 위험 지각과 쇼핑몰 브랜드 인지도의 조절효과. 유통경영학회지, 25(1), 19-30.
- 이현진, 김수진(2023). IT 기업의 ESG 경영과 기업 규모에 따른 소비자 태도에 관한 연구. 비즈니스융복합연구, 8(3), 65-70.
- 임수민, 박종철(2023). 기업의 ESG 활동에 대한 소비자 인식이 기업평가에 미치는 영향: 신뢰의 매개 효과를 중심으로. 비즈니스융복합연구, 8(1), 73-82.
- 전광호, 김성진(2014). 기업의 사회적 책임활동의 동기와 성과가 유통기업의 종업원의 관계의 질 및 직무만족도에 미치는 영향. 한국유통경영학회지, 17(6), 107-119.
- 전유정, 유현정(2018). 사회적 책임 관련 특성이 소비자의 의사결정에 미치는 영향. 소비문화연구, 21(2), 145-174.
- 전지원, 정순희(2023). 기업의 ESG 활동에 대한 소비자인지가 소비자 신뢰, 소비자-기업 동일시, 충성도에 미치는 영향-소비자시민성의 조절효과를 중심으로. 소비자학연구, 34(3), 127-157.
- 채건석(2020). 환경·사회·지배구조 평가결과인 ESG 등급이 기관투자자의 거래행태에 미치는영향, 가톨릭대학교대학원 박사학위논문, 부천.
- 최헌섭(2011). 기업지배구조와 환경성과 간의 관계에 관한 연구, 국제회계연구, 40, 409-430.
- 한국경제신문(2022). 2022 ESG 브랜드 조사, 한경ESG 2022, 14, 16-36.
- 한국통신정책연구원(2021). 2020년 한국미디어채널 조사결과, KISIDI START Report. 21(1), 1-9.
- 황용식, 이용기(2022). 국내 저비용 항공사(LCC)의 ESG 경영이 기업의 이미지, 신뢰, 재이용 의도에 미치는 영향. 전문경영인연구, 25(4), 59-73.
- 허종호, 홍재원(2023). ESG경영과 고객충성도 간의 관계에서 신뢰와 만족의 이중매개 효과에 관한 연구. 윤리경영연구, 23(1), 110-120.
- 홍은표, 염지환, 박정근(2023). 여행 및 관광 산업에서 ESG 활동이 브랜드 사랑, 브랜드 이미지, 만족도, 및 충성도에 미치는 영향. 한국경영공학회지, 28(1), 139-158.

<해외문헌>
- Aaker, D. A. (1991). Managing Brand Equity. The Free Press, New York, NY.
- Ajzen, I., & Fishbein, M. (2000). Attitudes and the attitude-behavior relation: Reasoned and automatic processes. European review of social psychology, 11(1), 1-33.
- Alsayegh, M. F., Abdul Rahman, R., & Homayoun, S. (2020). Corporate economic, environmental, and social sustainability performance transformation through ESG disclosure. Sustainability, 12(9), 3910.

- Alvesson, M. (1990). Organization: from substance to image?. Organization studies, 11(3), 373-394.
- An Daechun, Kim Jaeyoung, Park Junseok, & Wang Yini. (2023). The Effect of Consumer Perceptions of Corporate ESG Activities on Their Brand Attitudes: Focusing on the Interaction Effects of Types of Products. Korea Research Academy of Distribution and Management Review, 26(1), 111-126.
- Argyriou, E., & Melewar, T. C. (2011). Consumer attitudes revisited: A review of attitude theory in marketing research. International Journal of Management Reviews, 13(4), 431-451.
- Bae, G. K., Lee, S. M., & Luan, B. K. (2023). The Impact of ESG on Brand Trust and Word of Mouth in Food and Beverage Companies: Focusing on Jeju Island Tourists. Sustainability, 15(3), 2348.
- Baron, R. M., & Kenny, D. A. (1986). The moderator-mediator variable distinction in social psychological research: Conceptual, strategic, and statistical considerations. Journal of personality and social psychology, 51(6), 1173.
- Bhattacharya, C. B., & Sen, S. (2003). Consumer-company identification: A framework for understanding consumers' relationships with companies. Journal of marketing, 67(2), 76-88.
- Bianchi, E., Bruno, J. M., & Sarabia-Sanchez, F. J. (2019). The impact of perceived CSR on corporate reputation and purchase intention. European journal of management and business economics, 28(3), 206-221.
- Brunk, K. H. (2010). Exploring origins os ethical company/brand perceptions – A consumer perspective of corporate ethics. Journal of Business Research, 63(3), 255-262.
- Chang, W. J. (2020). Experiential marketing, brand image and brand loyalty: a case study of Starbucks. British Food Journal, 123(1), 209-223.
- Chaudhuri, A. (1999). Does brand loyalty mediate brand equity outcomes?. Journal of Marketing Theory and Practice, 7(2), 136-146.
- Chaudhuri, A., & Holbrook, M. B. (2001). The chain of effects from brand trust and brand affect to brand performance: the role of brand loyalty. Journal of Marketing, 65(2), 81-93.
- Core, J. E., Holthausen, R. W., and Larcker, D. F. (1999). Corporate governance, chief executive officer compensation, and firm performance, Journal of financial economics, 51(3), 371-406.
- Doney, P. M., & Cannon, J. P. (1997). An examination of the nature of trust in buyer-seller relationships. Journal of marketing, 61(2), 35-51.
- Elkington, J. (2018). 25 years ago I coined the phrase "triple bottom line." Here's why it's time to rethink it. Harvard business review, 25, 2-5.
- Erdem, T., & Swait, J. (2001). Brand equity as a signaling. Journal of consumer Psychology, 7(2), 131-157.
- Erdem, T., Swait, J., & Louviere, J. (2002). The impact of brand credibility on consumer price sensitivity. International journal of Research in Marketing, 19(1), 1-19.

- Fombrun, C. J. (1996). Reputation: Realizing value from the corporate image. Boston: Harvard Business School Press.
- Fornell, C. (1992). A national customer satisfaction barometer: The Swedish experience. Journal of marketing, 56(1), 6-21.
- Garbarino, E., & Johnson, M. S. (1999). The different roles of satisfaction, trust, and commitment in customer relationships. Journal of marketing, 63(2), 70-87.
- Garbarino, E., & Johnson, M. S. (1999). The different roles of satisfaction, trust, and commitment in customer relationships. Journal of marketing, 63(2), 70-87.
- Graeff T. R. (1996). Using promotional messages to manage the effects of brand and self-image on brand evaluations. Journal of Consumer Marketing, 13(3), 4-18.
- Gurlek, M., Duzgun, E., & Uygur, S. M. (2017). How does corporate social responsibility create customer loyalty? The role of corporate image. Social Responsibility Journal, 13(3), 409-427.
- Hellier, P. K., Geursen, G. M., Carr, R. A., & Rickard, J. A. (2003). Customer repurchase intention: A general structural equation model. European journal of marketing, 37(11/12), 1762-1800.
- Hur, W. M., Kim, H., & Woo, J. (2014). How CSR leads to corporate brand equity: Mediating mechanisms of corporate brand credibility and reputation. Journal of Business Ethics, 125, 75-86.
- In, S. H., & Suh, K. Y. (2013). Mediating effects of trust on the relationship between the perceived value of customer and revisit intention in the coffee-shop restaurant. Korea Journal of Tourism and Hospitality Research, 27(2), 381-396.
- Jaggi, B., and Zhao, R. (1996). Environmental performance and reporting: perceptions of managers and accounting professionals in Hong Kong. The international journal of accounting, 31(3), 333-346.
- Jukemura, P. K. (2019). Why ESG investing seems to be an attractive approach to investment in Brazil. Bachelor thesis, Sao Paolo.
- Keller, K. L. (1993), Conceptualizing, measuring, and managing customer-based brand equity. Journal of Marketing, 57(1), 1-22.
- Keller, K. L. (2013). Building, Measuring, and Managing Brand Equity.
- Koh, H. K., Burnasheva, R., & Suh, Y. G. (2022). Perceived ESG (environmental, social, governance) and consumers' responses: The mediating role of brand credibility, Brand Image, and perceived quality. Sustainability, 14(8), 4515.
- Kotler, P., and Murray, M. (1975). "Third sector management-The role of marketing. Public Administration Review, 35(5), 467-472.
- Lee, J., & Lee, Y. (2018). Effects of multi-brand company's CSR activities on purchase intention through a mediating role of corporate image and brand image. Journal of Fashion Marketing and Management: An International Journal, 22(3), 387-403.

- Lee, H. J., & Rhee, T. H. (2023). How Does Corporate ESG Management Affect Consumers' Brand Choice?. Sustainability, 15(8), 679-690.
- Lippincott, J. G. (1962). Matching Products With Customers. Research Management, 5(2), 81-94.
- Low, G. S., & Lamb Jr, C. W. (2000). The measurement and dimensionality of brand associations. Journal of product & brand management, 9(6), 350-370.
- McDougall, G. H., & Levesque, T. (2000). Customer satisfaction with services: putting perceived value into the equation. Journal of services marketing, 14(5), 392-410.
- Moorman, C., Deshpande, R., & Zaltman, G. (1993). Factors affecting trust in market research relationships. Journal of marketing, 57(1), 81-101.
- Newell, S. J., and Goldsmith, R. E. (2001). The development of a scale to measure perceived corporate credibility. Journal of Business Research, 52(3), 235-247.
- Oliver, R. L. (1980). A cognitive model of the antecedents and consequences of satisfaction decisions. Journal of marketing research, 17(4), 460-469.
- Oliver, R. L. (1999). Whence consumer loyalty?. Journal of marketing, 63(4_suppl1), 33-44.
- Puriwat, W., & Tripopsakul, S. (2022). From ESG to DESG: The Impact of DESG (Digital Environmental, Social, and Governance) on Customer Attitudes and Brand Equity. Sustainability, 14(17), 10480.
- Puriwat, W., & Tripopsakul, S. (2023). Sustainability Matters: Unravelling the Power of ESG in Fostering Brand Love and Loyalty across Generations and Product Involvements. Sustainability, 15(15), 11578.
- Ramesh, K., Saha, R., Goswami, S., Sekar, and Dahiya, R. (2019). Consumer's response to CSR activities: Mediating role of brand image and brand attitude. Corporate Social Responsibility and Environmental Management, 26, 377-387.
- Reichheld, F. F., & Schefter, P. (2000). E-loyalty: your secret weapon on the web. Harvard busuness review, 78(4), 105-113
- Schaltegger, S., and Hörisch, J. (2017). In search of the dominant rationale in sustainability management: legitimacy-or profit-seeking?. Journal of Business Ethics, 145(2), 259-276.
- Sen, S., Bhatacharaya, C. B., and Korschun, D. (2006). The role of corporate social responsibility in strengthening multiple stakeholder relationships: A field experiment. Journal of the Academy of marketing Science, 34(2), 158-166.
- Shin, Y., Van Thai, V., Grewal, D., & Kim, Y. (2017). Do corporate sustainable management activities improve customer satisfaction, word of mouth intention and repurchase intention? Empirical evidence from the shipping industry. The International Journal of Logistics Management, 28(2), 555-570.
- Sobel, M. E. (1982). Asymptotic confidence intervals for indirect effects in structural equation models. Sociological methodology, 13, 290-312.

- Surroca, J., Tribó, J. A., and Waddock, S. (2010). Corporate responsibility and financial performance: The role of intangible resources, Strategic management journal, 31(5), 463-490.
- Tarigan, E., Wijaya, M., & Marbun, P. (2020). The influence of lifestyle, physical environment, and menu variety on customer loyalty through customer satisfaction in the coffee shop. International Journal of Research and Review, 102, 123-143.
- Tarmuji, I., Maelah, R., & Tarmuji, N. H. (2016). The impact of environmental, social and governance practices (ESG) on economic performance: Evidence from ESG score. International Journal of Trade, Economics and Finance, 7(3), 67-87.
- Tripopsakul, S., & Puriwat, W. (2022). Understanding the Impact of ESG on Brand Trust and Customer Engagement. Journal of Human, Earth, and Future, 3(4), 430-440.
- Turban, D. B., and Greening, D. W. (1997). Corporate social performance and organizational attractiveness to prospective employees. Academy of management journal, 40(3), 658-672.
- Unitied Nations Sustainable Development. (1992). AGENDA 21. United Nations Conference on Environment & Development. Rio de Janerio, Brazil
- UN General Assembly (1997). Programme for the Further Implementation of Agenda 21. UN. General Assembly 19th special sess. New York. USA.
- UN Secretary-General & World Commission on Environment and Development. (1987). Report of the World Commission on Environment and Development: Our Common Future. New York. USA.
- Wongpitch, S., Minakan, N., Powpaka, S., and Laohavichien, T (2016). Effect of corporate social responsibility motives on purchase intention model: An extension. Kasetsart Journal of Social Sciences, 37, 30-37.
- Wu, S. I., and Lin, H. F. (2014). The correlation of CSR and consumer behavior: A study of convenience store. International Journal of Marketing Studies, 6(6), 66-80.
- Wu, S. I., and Wang, W. H. (2014). Impact of CSR perception on brand image, brand attitude and buying willingness: A study of a global café. International Journal of Marketing Studies, 6(6), 43-56.
- Yong-Sik Hwang, Yong-Ki Lee. (2022). The Effects of Low Cost Carriers' ESG Management on Corporate Image, Trust and Repurchase Intention. Journal of CEO and Management Studies, 25(4), 59-73.

고객은
이런 매장에 간다

초판 1쇄 발행 2024년 05월 17일

지은이 박종현, 김종서
펴낸이 류태연

펴낸곳 렛츠북
주소 서울시 마포구 양화로11길 42, 3층(서교동)
등록 2015년 05월 15일 제2018-000065호
전화 070-4786-4823 **팩스** 070-7610-2823
홈페이지 http://www.letsbook21.co.kr **이메일** letsbook2@naver.com
블로그 https://blog.naver.com/letsbook2 **인스타그램** @letsbook2

ISBN 979-11-6054-704-7 13320

* 이 책은 저작권법에 따라 보호를 받는 저작물이므로 무단전재 및 복제를 금지하며, 이 책 내용의 전부 및 일부를 이용하려면 반드시 저작권자와 도서출판 렛츠북의 서면동의를 받아야 합니다.
* 잘못된 책은 구입하신 서점에서 바꾸어 드립니다.